Una vida que se mide con la vida de Dios

Copyright © 2016

ISBN: 978-0-9945585-9-6

Escrito por
Camron Schofield

Traducido por
Heladia Schofield

Contenido

CAPÍTULO 1 5
La salvación depende de nuestro sentido de necesidad [5] Ciegos a nuestra verdadera condición [5] Sin el reconocimiento de nuestra verdadera condición, no hay ningún sentido de necesidad [6] Vivimos en tiempos inciertos [6] ¿Cómo seremos despertados a nuestro sentido de necesidad? [7] Experiencias cristianas confusas [7] La ley ha sido pervertida [8] Mi experiencia personal [9] Debido a que la ley ha sido pervertida, las experiencias de la vida ahora deben conducirnos a Cristo – aun así, podemos perder la lección [10]

CAPÍTULO 2 11
Por nosotros mismos no podemos hacer nada correcto [11] No tengas envidia de los que parecen tener una vida afortunada [11] Admitamos que no podemos hacer nada bien y permitamos que Dios lo haga [12] Debemos estar petrificados de vivir nuestra propia vida [13] El regalo de una vida nueva [14] Dios vino a nosotros como ser humano [15] Renunció a todo por nosotros [15] Cristo no tuvo ventaja alguna sobre nosotros [16]

CAPÍTULO 3 18
Nuestro único poder es la elección [18] Cristo no pudo hacer nada por sí mismo [18] El Padre hizo las obras [19] Las obras de Dios son perfectas [20] Cristo fue la expresión visible del Padre [20] La vida de Dios [21] Lo que el Padre produjo en la vida de Cristo, lo hizo en nosotros [21] Y ya no vivo yo, más Cristo vive en mi [22] La vida de Dios sin ser Dios [22]

CAPÍTULO 4 24
Cristo nació del Espíritu [24] ¿Cómo vivió el Padre su vida en su Hijo? [25] El poder de Dios está en su palabra [26] La Palabra obró en Cristo [27] Diez promesas [27]

CAPÍTULO 5 29
El poder de Dios para salvación [29] Cristo leyó la palabra de Dios como dirigiéndose a Él mismo [30] Él tomo las promesas personalmente [30] La Fe de Jesús [32]

CAPÍTULO 6 33
El mismo privilegio se nos ofrece [33] Cristo es nuestro ejemplo [33] Un espíritu quebrantado y un corazón contrito y humillado son el propio sacrificio de Dios [34] Lo que brota del corazón de Dios [35] La carne y sangre de Cristo [35] La Palabra es Vida [37]

CAPÍTULO 7 38
Leyéndonos en la palabra [38] Nunca trates de ocultar tus pecados de Dios [40] Cristo tomó sobre Él la culpa de todos nuestros pecados y los confesó, aunque Él nunca los cometió [40] También debemos confesar todo [41] El "Tiempo Aceptable" [42] Cada día muero [43]

CAPÍTULO 8 44
Cristo se hizo uno con cada persona [44] A menos que Cristo se hiciera nosotros mismos, podría salvarnos [44] Cuando Cristo murió nosotros morimos con Él [45] Cristo fue uno conmigo [46] El Espíritu Santo nos mostrará nuestra vida futura [47] Cristo reposó en el amor de su Padre durante la tormenta y así nosotros podemos también [48] Creer es recibir la vida de Cristo como mía propia [48]

CAPÍTULO 9 49
El creer de Abraham [49] La promesa del hijo no vendría hasta que Abraham por medio de fe recibiera la palabra de Dios [50] Cristo se encontró con Abraham como a sí mismo [51] Cristo se encontró con Josué como a sí mismo [52] Cristo compartió esta misma experiencia con Sadrac, Mesac, y Abed-nego [53] Jacob se encuentra con su Antagónico [53] El Salvador de ellos es nuestro Salvador [55]

CAPÍTULO 10 56
¿Qué significa "conocer" a Jesús? [56] Recibiendo el corazón de Cristo [56] El apóstol Pedro [57] Juan el amado [58] El apóstol Pablo [60] Martín Lutero [61] John Bunyan [62] Charles Spurgeon [62] El Desesperado [63] La acusación de blasfemia contra Cristo será lanzada a sus seguidores hoy [63] No nos convertimos en Dios [64] Una vida que se mide con la vida de Dios [65] Una oración [65]

CAPÍTULO 1

La salvación depende de nuestro sentido de necesidad

Nuestra salvación depende totalmente de nuestro sentido de necesidad. Algunos pueden argumentar que eso depende totalmente de Cristo. En efecto así es. Pero nuestra dependencia en Él será proporcional a nuestro sentido de necesidad. Cristo vino a ser un médico para los enfermos del pecado. Pero aquellos que no están enfermos no necesitan un médico (Mateo 9:12). Con estas palabras, Cristo implícito que hay quienes nunca se beneficiarán del don su salvación, ya que no buscan su ayuda.

Un médico no puede ayudarnos a menos que vayamos a su consultorio o lo llamemos a nuestra casa. De la misma manera, con Cristo, excepto que lo busquemos o lo llamemos, no hay sanidad del pecado.

Ciegos a nuestra verdadera condición

El Testigo Fiel de Apocalipsis capítulo 3, describe la condición de aquellos que son renuentes a reconocer su condición de "Laodicea". Aquellos que dicen: "Yo soy rico, y estoy enriquecido, y no tengo necesidad de nada"; pero no saben que en realidad son "desdichados, miserables, pobres, ciegos y desnudos" (Apocalipsis 3:14-17).

Hubo otra ocasión, cuando Dios habló a Israel a través de Isaías, y les describió la verdadera condición del pueblo, "Toda cabeza está enferma, y todo corazón doliente. Desde la planta del pie hasta la cabeza no hay en él cosa sana, sino herida, hinchazón y podrida llaga" (Isaías 1:5-6). Aun así, se jactaron de su supuesta pureza y se separaron de aquellos que denominaron "otros hombres" (Lucas 18:11), diciendo: "No te acerques a mí; porque yo soy más santo que tú" (Isaías 65:5).

Sin el reconocimiento de nuestra verdadera condición, no hay ningún sentido de necesidad

El apóstol Pablo testificó de su propia experiencia la veracidad de estos dos testimonios. Declaró que era un hebreo de los hebreos, de la tribu de Benjamín, en cuanto a la ley, irreprensible (Filipenses 3:5-6).

Sin embargo, cuando se encontró con Cristo en el camino a Damasco, la perversidad de su alma se reveló y clamó: "¡Quién me salvará del cuerpo de esta muerte!" "Porque cuando vino el mandamiento, el pecado revivió y yo morí". Vio que lo que quería hacer, no podía hacerlo y viceversa. Cuando descubrió quién era realmente sin Cristo, fue entonces, cuando tomó conciencia de su naturaleza intrínsecamente perversa (Romanos 7).

Durante mucho tiempo, Pablo estuvo ajeno a su verdadera condición. Pero cuando vio la gloria de Dios, se vio a sí mismo como realmente era. La experiencia de Isaías fue la misma. Cuando se expusieron los pecados de Israel, Isaías se mantuvo al margen, considerándose a sí mismo como no incluido en la denuncia, pero cuando vio a Dios, confesó: "¡Ay de mí! que soy muerto; porque siendo hombre inmundo de labios, y habitando en medio de pueblo que tiene labios inmundos, han visto mis ojos al Rey, Jehová de los ejércitos" (Isaías 6:5).

Vivimos en tiempos inciertos

Estar sin Cristo es algo terrible. Ya que este es un mundo muy incierto. Desde conmociones sociales hasta trastornos naturales, no sabemos lo que el mañana nos puede traer y "Bástele al día su propio mal" (Mateo 6:34). Es muy cierto que este mismo día, o incluso éste mismo momento, puede ser nuestro último respiro. ¿Hemos hecho la paz con Dios? ¿Está nuestra conciencia limpia y en paz? Debemos hacernos estas preguntas mucho más seguida, porque no sabemos cuándo "el cordón de plata se quiebre" (Eclesiastés 12:6).

¿Cómo seremos despertados a nuestro sentido de necesidad?

¿Cómo entonces seremos despertados a nuestro sentido de necesidad? Esta es una buena pregunta. La escritura nos dice, que es la bondad de Dios que nos guía al arrepentimiento (Romanos 2:4). Cuando contemplamos que Dios no nos abandonó a pesar de lo rebeldes que éramos, nuestros corazones son tocados; ya sea en el contexto de la primera rebelión del hombre en el Jardín del Edén o en nuestra vida pasada. "Porque si siendo enemigos fuimos reconciliados con Dios por la muerte de su Hijo" (Romanos 5:10). Fue "cuando aún éramos pecadores, que Cristo murió por nosotros" (Romanos 5:8). "Él [Dios] nos amó primero" (1ª Juan 4:19). No buscamos a Dios, sino Él a nosotros, *a pesar* de nuestra miseria.

Aunque, "Hieden y supuran mis llagas, a causa de mi locura" y "Mis amigos y mis compañeros se mantienen lejos de mi plaga..." (Salmos 38:5,11). Él no es repulsado por el hedor del pecado, sino que al contrario pone su propio manto puro sobre nosotros para cubrir nuestra desnudez (Lucas 15:20-23). Él "nos ha castigado menos de lo que nuestras iniquidades merecieron" (Esdras 9:13). Y también, "...echara en lo profundo del mar todos nuestros pecados," diciendo, "no me acordaré más de su pecado" dice Jehová (Miqueas 7:19, Jeremías 31:34).

Experiencias cristianas confusas

Pero todo esto, si bien es tan hermoso y conmovedor como lo es, puede fallar el despertar en nosotros la verdadera condición que hay. He visto a muchos "cristianos" regocijarse en esto y, sin embargo, no han alcanzado ese sentido de necesidad genuina. Dan por sentado el amor de Dios y lo comercian (2ª Corintios 2:17 *Geneva Bible*).

Hay quienes, tal vez, han crecido en una iglesia, y sus padres y maestros les han enseñado que son pecadores; pero ¿a cuántos de ellos les ha venido, el pensamiento de dejar atrás sus convicciones cristianas ya que es una carga pesada para poder alcanzar sus aspiraciones mundanales? A pesar de todo, habrá algunos que ciertamente retendrán estas convicciones en sus mentes, y en humildad se someterán a Dios. ¿Pero cuántos habrá, que servirán a Dios por temor, en lugar de por amor?

La bondad de Dios te llevará al arrepentimiento. Pero, ¿quién te guiará a Cristo para que Él pueda "darte arrepentimiento"? (Hechos 5:31, 2ª Timoteo 2:25.)

Aquellos que conocen a Dios a través de la naturaleza no necesariamente conocen a un Dios de amor. Pueden ver solamente a un Dios de poder y juicio o un Dios de leyes. Pocos lo verán como un Dios de amor en las flores delicadamente matizadas con sus deliciosas fragancias y de un océano puro y desinteresado.

La ley ha sido pervertida

Hubo un tiempo en que la ley de Dios era el "maestro de escuela para llevarnos a Cristo" (Gálatas 3:24). Sí, y efectivamente aún lo es. "Porque por la ley es el conocimiento del pecado" (Romanos 3:20). Y a menos que veamos que somos pecadores, iremos a Cristo. Pero "la ley, la ley, la ley" ha sido forzada de manera muy delicada en la vida de las personas, por lo que la aversión a ella es mucho más grande que nunca en la historia de la tierra. La ley ha sido objeto de abuso y tergiversación, y Dios no responsabilizará al mundo por el mal trato de su ley si se ha representado incorrectamente ante ellos por aquellos que profesan ser los "repositorios de su ley".

Aquellos que esperan que los cielos declaren su justicia por la demostración de las tablas de piedra (Salmo 50:6, 97:6) a la humanidad que tiene libertad, se decepcionarán.

No será la ley la que condenará a los pecadores en este siglo, sino es el *evangelio* que les será predicado a todas las naciones como testimonio (Mateo 24:14).

Es muy triste ver como la ley ha sido representada tan falsamente y, por lo tanto, tan difamada universalmente. Pero aquí es especialmente donde se aplican las palabras de Jesús: "No saben lo que hacen" (Lucas 23:34).

Debido a los conceptos erróneos que muchos tienen acerca de ley, trataré de hablar lo menos posible de ella. Buscaré ser como Pablo, "para los que están sin ley, como sin ley… para que yo gane a los que están sin ley" (1ª Corintios 9:21).

Sin embargo, ese sería el verso más perfecto para responder a nuestra pregunta: ¿Cómo, pues nos despertaremos a nuestro sentido de necesidad, si estamos "sin ley?" La respuesta es simple: las experiencias de la vida.

Mi experiencia personal

Permítame, explicar en un breve relato mi propia experiencia. Desde muy pequeño me enseñaron que era un pecador y "sabed que os alcanzará vuestro pecado" (Números 32:23). Me esforcé por ser bueno, pero siempre viví bajo un peso grande de culpa. Me enseñaron que Jesús perdonaría mis pecados, y los confesé. Por un momento encontré un respiro, antes de fallar una vez más. Pero cuanto más miraba la ley y trataba de guardarla, más imposible se volvía, lo que resultaba estar bajo una nube de condenación constante [y aun así creía que esa condenación venia de Dios]. No fue hasta que, mi justicia exterior empezó a caer en pedazos que empecé a buscar a Cristo con una sinceridad genuina.

Algunos pueden comparar mi experiencia con la de Esaú, que vino llorando y arrepentido debido a las consecuencias (Hebreos 12:17). Pero aquí no estamos hablando de arrepentimiento. Estamos hablando de venir a Cristo. Debemos venir a Cristo antes de que Él pueda darnos el arrepentimiento. La paz del perdón es una cosa, pero una vida de paz es mucho más. El perdón es el curita, pero no es la cura. La salvación en Cristo es mucho más que el simple perdón de los pecados. "Si confesamos nuestros pecados, Él es fiel y justo para perdonar nuestros pecados *y* limpiarnos de toda maldad" (1ª Juan 1:9).

Debido a que la ley ha sido pervertida, las experiencias de la vida ahora deben conducirnos a Cristo – aun así, podemos perdernos la lección.

Las experiencias de la vida son las que nos despertarán a nuestro sentido de necesidad, nada menos que eso. Pocos serán despertados de otra manera. El problema con Laodicea es que su vida es muy fácil. No necesita nada, ya lo tiene todo (eso piensa). Esta tan cómoda y, como Sodoma, sin esfuerzo (Génesis 13:10). Es cuando la tormenta se levanta, que los marineros piden ayuda a Dios (Salmos 107:23-30). Sin embargo, ¿qué pasa, cuando la tormenta cesa y regresan a salvo al puerto? ¿Le dan gracias a Dios por su liberación y buscan sus caminos de paz y justicia? O, ¿vuelven al bar, a beber y deleitarse en los placeres de esta vida? Todos somos marineros en el mar de la vida. Pedimos ayuda a Dios cuando las cosas se ponen difíciles y las olas amenazan con ahogarnos. Pero cuando el mar vuelve a estar en calma, olvidamos a nuestro Libertador y navegamos hacia donde nuestros caprichos y nociones nos arrastren.

Es posible que aún nos falte la lección que las experiencias de la vida deben enseñarnos. Si tuviéramos a Cristo continuamente con nosotros, continuamente lo estaríamos necesitando. Esta realización constante de nuestra necesidad solo puede ser nuestra experiencia real cuando reconocemos nuestra verdadera *condición*.

CAPÍTULO 2

Por nosotros mismos no podemos hacer nada correcto

Isaías dice que todas nuestras acciones correctas son trapos inmundos y nuestras iniquidades nos arrastra, como cuando el viento sopla una hoja (Isaías 64:6). Considera este pensamiento. Justicia es hacer el bien, obras buenas, hechos correctos, etc. Isaías está diciendo que no importa cuán "bien/bueno" podamos hacer algo, aún asi no cuenta como justicia. Considera también las palabras del hombre sabio, "Guardar tu corazón con toda diligencia, porque de ahí están los asuntos de la vida" (Proverbios 4:23 KJ). Esa palabra "asuntos" significa lo que sale de él, al igual que los productos en una línea de producción –lo que el corazón produce. Combine este pensamiento con el siguiente versículo que dice: "Engañoso es el corazón más que todas las cosas, y perverso; ¿quién lo conocerá? (Jeremías 17:9). El corazón es engañoso y perverso; por lo tanto, lo que saldrá de él será engaño y maldad, ¿no os parece? Y talvez estarás pensando que tu corazón no es así. Ten la seguridad que lo es. El corazón es tan engañoso que las Escrituras tuvieron que repetirlo cinco veces que, "no hay ni uno que haga lo bueno" (Salmo 14:1,3, 53:1,3, Romanos 3:12); y aun así lo olvidamos. Déjame resumir esto de otra manera:

"Tú no puedes hacer nada bien".

No tengas envidia de los que parecen tener una vida afortunada

Ahora, antes de que cierres este libro y te deshagas de él, por favor toma un momento. Para algunas personas, como yo, todo lo que tocan se desmorona. Para otros, todo lo que tocan "se convierte en oro". Son realmente muy buenos en todo lo que hacen. Tienen lo que podríamos llamar el "toque de Midas". ¿Sabes de dónde surgió esta frase? Surgió de una historia en la mitología griega. Se cuenta la historia de este rey Midas, quien pidió a los dioses que le dieran el poder de convertir en oro todo lo que tocase. En consecuencia, en muy poco tiempo se convirtió en un hombre muy rico. Pero, déjame contarte el resto de la historia. Cuando llegó la noche y tuvo hambre, las uvas se convirtieron en oro en el momento en que, ¡las tomó en su mano! No podía masticarlas, por consiguiente, todo lo que había en su mesa. Todo se convertía en oro, en el momento que lo tocaba. Y no fue diferente con el vino. Algunas versiones dicen que, a su toque, ¡su propia hija se convirtió en oro! La bendición se convirtió en una maldición y suplicó a los dioses, que le fuera retirado ese poder.

Hoy puede parecer que eres una criatura muy afortunada, a diferencia de aquellos cuyas vidas no son más que un rastro de destrucción y menos afortunados. Pero aquellos "pobres y afligidos" (Sofonías 3:12) claman a Dios día y noche (Lucas 18:7), para ser liberados de sí mismos, mientras que vosotros que continúan en su vida afortunada, por el momento, piensen que todo está bien. Pero llegará la tarde y lo dulce se volverá amargo en tus labios, y encontrarás que lo anterior que consideraste una bendición se ha vuelto en una maldición. El corazón es engañoso y perverso, lo que ahora piensas que es correcto, algún día resultará ser un grave error.

Admitamos que no podemos hacer nada bien
y permitamos que Dios lo haga

Todo esto no es condenación y tristeza o psicología aparentemente negativa. Sé que no es fácil admitir que hemos destrozado la vida que Dios nos ha dado; pero si lo hacemos no perdemos nada. Más bien, si tan solo reconociéramos que hemos fallado en no poner nuestra confianza en Él y humillamos nuestras vidas a sus pies, Él la tomará y la corregirá. Es posible que a veces huyamos de su cuidado y lo arruinemos otra vez, pero si lo hacemos, necesitamos creer que Él todavía estará feliz de tomarnos una vez más y llevarnos bajo su cuidado.

Pero si aprendiéramos la lección, que cada vez que tomamos nuestras vidas en nuestras propias manos la arruinamos, entonces, tendríamos miedo de tocarla y la entregaríamos allí donde es más es seguro –en las manos de Jesús. Como dicen aquellos que están al final de sus días y con toda razón: "Dejadlo ir y déjaselo a Dios". Después deposita tu confianza total en Él.

¿A quién no le gustaría una vida donde Dios resuelve todo? Una vida así estaría libre de culpa y condena; una vida donde todo se hace perfectamente bien y la única consecuencia sería la persecución por las obras correctas, acciones perfectas; obras de justicia. ¿Quién es aquel que le gusta cosechar los resultados de sus propias acciones o los amargos frutos de su propia plantación? Solo piensa: 'Si lo dejas ir y permites a Dios' que gobierne tu vida, entonces si algo sale "mal", es su problema, ¿verdad? Él lo arreglará. No es de ti el preocuparte. Eso suena bastante bien para mí. De hecho, me da miedo levantarme cada mañana si seré "yo" el que gobernará mi vida ese día.

Y no solo se ocupará de las cosas en el presente y futuro, sino que también solucionará todos los errores que hemos cometido en el pasado. Él no nos librara de las consecuencias de nuestras acciones, pero a menudo orquestará los eventos, e incluso los corazones de los demás para que no sean tan duros con nosotros en algo que no podamos soportar. Pero pase lo que pase, nunca estaremos solos, porque Él llevará nuestra mano a través de todo esto.

Debemos estar petrificados de vivir nuestra propia vida

Suena bien, ¿no es así? Incluso la experiencia es mucho mejor.

Aunque, yo mismo todavía estoy aprendiendo a dejar ir mi viejo yo y permitir a Dios obrar en mí, ¡para siempre! Mi sentido de necesidad no es tan grande como debería ser. Mi corazón es muy engañoso y antes de darme cuenta he vuelto a tomar mi vida en mis manos. Estoy orando para que Dios afine mis sentidos para ser consciente cuando lo hago, ya que en mi mente está él no vivir mi propia vida. Y esta es la razón por la cual la vida de tantas personas nunca parece funcionar bien, ya que Dios está constantemente recordándonos que no podemos hacer nada bueno; por lo cual permite ciertas experiencias dolorosas en nosotros. Me entristece ver la cantidad de personas en este mundo que han perdido sus hogares, familias, empleos, etc. y aún no admiten que fue por sus irresponsabilidades que perdieron eso. Incluso muchos de los que viven en las cunetas de las calles son demasiado orgullosos como para acercarse a Dios para recibir su ayuda. Aprendamos ahora, antes de que algo más grande se derrumbe sobre nosotros.

El regalo de una vida nueva

La vida que Dios nos está ofreciendo es una vida que supera todos nuestros sueños más anhelados. Es más, que tan sólo una vida libre de culpa, condenación y preocupación por las circunstancias. Dios "que es poderoso para hacer todas las cosas mucho más abundantes de lo que pedimos o entendemos" (Efesios 3:20).

Dios ha puesto este don al alcance de cada uno de nosotros, y solo está esperando que no lo rechacemos. Pero al traernos este regalo, Él no podía venir directamente a nosotros porque seríamos como Adán y correríamos a escondernos. Su gloria nos abrumaría. De hecho, seríamos muertos por el brillo de su venida. La gloria de su pureza destruiría nuestros pecados, y por nuestro apego a ellos también seríamos consumidos. Por lo tanto, Él tuvo que traernos este regalo de una manera diferente.

Dios vino a nosotros como ser humano

Los seres humanos se relacionan mejor con aquellos que se encuentran en una situación similar y que pueden entender su experiencia. Esto es ciencia social básica. Y estas son leyes que Dios mismo ha implantado en la humanidad.

Una ilustración perfecta de esta verdad es, cuando Adán nombraba a todos los animales en el Jardín del Edén, vio que no había una pareja para él (Génesis 2:19-20); y así Dios tomó una costilla de su costado y le hizo una compañera, uno con él en la misma naturaleza y que podía compartir las experiencias de la vida con él.

De la misma manera, Dios necesitaba acercarse a nosotros. Necesitaba venir a nosotros en la forma de un ser humano. Pero no solo en forma externa, sino también en las realidades internas: la mente, la conciencia y sus interacciones con tendencias pecaminosas. Por lo tanto, Cristo fue hecho en todas las cosas como sus hermanos (Hebreos 2:17). No hubo nada en lo que Él no fuera como nosotros. "En todas las cosas" no excluye nada. La única área en que fue diferente, fue "sin pecado" (Hebreos 4:15). Esto se refiere solo en el sentido de que cada acto en su vida se realizó correctamente de acuerdo con la perfección divina, no como nuestros "actos correctos" se realizan. Él no estuvo exento de las luchas internas que tenemos. La tentación en sí misma no es pecado; es cuando nos aferramos a un pensamiento erróneo en la mente, que cometemos pecado. Jesús tuvo que vigilar y proteger la entrada de cada pensamiento a su mente, de la misma manera que lo debemos hacer nosotros.

Renunció a todo por nosotros

¿Fue Él uno con nosotros en nuestras incapacidades inherentes para producir una vida de perfección? Él era Dios, ¿no es así? En efecto lo era. Sin embargo, Él se despojó de todo lo que pertenecía a la Deidad, excepto el derecho a su título. Antes de venir a esta tierra, Él era omnisciente, eso significa que Él sabía todo pasado, presente, futuro, todo eso. Todo. Incluso lo que estás pensando ahora mismo. Pero Él dejó todo eso atrás y se convirtió en un pequeño bebé y creció en sabiduría y en estatura al igual que tú y yo (Lucas 2:40). Él fue un aprendiz al igual que tú y yo, y todo lo que sabía sobre Dios lo tuvo que aprender al igual que nosotros lo necesitamos hacer.

Cristo también fue omnipotente. Sin embargo, Él también renunció a eso y cuando pusieron la cruz sobre sus hombros, no pudo cargarla. También, como Dios, Cristo fue omnipresente. Él podía estar en cualquier lugar, en cualquier momento, al mismo tiempo y en cualquier forma que Él deseare. Sin embargo, también renunció a eso cuando tomó sobre sí nuestra humanidad. La gloria de su divinidad con su omnipotencia y omnisciencia se le regresó a Él cuando resucitó de entre los muertos; pero por la eternidad permanecerá en su forma humana (la humanidad glorificada). Porque habrá quienes le preguntarán: "¿Qué son estas heridas en tus manos?" (Zacarías 13:6).

Cristo no tuvo ventaja alguna sobre nosotros

Si Él hubiera retenido alguna de estas cualidades divinas cuando vino a este mundo a caminar entre nosotros, no hubiera sido nuestro socorro. Él no podría haberse identificado con nosotros o nosotros con Él. Todo hubiera sido un fracaso. Necesitábamos ver a alguien en nuestra propia experiencia, así como nosotros, sin ninguna ventaja en absoluto. Esto se aclarará a medida que avancemos.

Si Jesucristo hubiera realizado sus propias obras, habría fallado en ser nuestro ejemplo perfecto. Él no tuvo ninguna ventaja sobre nosotros en absoluto. Él era tan humano como tú y yo. No fue diferente a nosotros. Ahora, con esto no estoy haciendo que Jesús sea un pecador, porque la naturaleza humana en sí misma no es pecado.

De acuerdo a Santiago, nuestra naturaleza nos incita a pecar, pero si el pensamiento es rechazado por odioso, el alma no se contamina (Santiago 1:13-15). Él declara que, Dios no puede ser tentado con el mal, verdaderamente no. Pero Pablo escribe que Cristo fue "tentado en todos los puntos como nosotros" (Hebreos 4:15) pero sin pecado. ¿Por qué? Porque fue hecho a semejanza de carne pecado (Romanos 8:3). ¿Qué significa esto? Simplemente que Él también poseyó una naturaleza que por sí mismo no podía hacer nada bueno. Por eso fue que "habiendo ofrecido ruegos y súplicas con gran clamor y lágrimas al que le podía librar de la muerte, fue oído por su temor reverente" (Hebreos 5:7).

Puedes decir: "Esto es, ¡blasfemia! yo conozco a mi Cristo y puedes conocerlo también". Lamento por aquellos que piensan que Cristo tuvo una ventaja sobre ellos. Se están perdiendo una verdad maravillosa. Cuando era pequeño, llevaba mis pequeñas pruebas a mi padre y me decía: "Llévalos a Jesús: Él entiende". Llegué a la conclusión de que podía porque era omnisciente, pero realmente nunca me satisfizo. ¡Necesitaba a alguien que supiera cómo me sentía porque habían pasado por la misma experiencia como yo! Y a medida que crecí, aprendí que todas mis luchas provenían de mi malvado corazón egoísta y aún hoy necesito el mismo Amigo. Pero no, Jesús no fue diferente de ti y de mí. Él también luchó contra los malos pensamientos, la diferencia es que Él no los apreció como nosotros lo hacemos. Siempre estuvo en guardia y en el instante en que discernió su maldad los rechazo, y así en ningún momento tomaron posesión de Él. Nada menos que esto, Jesús no sería un Salvador.

CAPÍTULO 3

Nuestro único poder es la elección

Algo que necesitamos entender es que hay dos influencias que actúan sobre las mentes de hombres y mujeres: las escrituras los llaman el *Espíritu* y la *carne* (Gálatas 5:17). En cuanto a qué mente esté gobernando con toda su soberanía dentro de nosotros depende totalmente de nuestra elección. Si elegimos habitar en pensamientos pecaminosos (teniendo en cuenta que son cosas de la carne (Romanos 8:5)), ellos se producirán en la vida. Pero si dedicamos la mente a "todo lo que es verdadero, todo lo honesto, todo lo justo, todo lo puro, todo lo amable, todo lo que es de buen nombre" (Filipenses 4:8), entonces haremos las obras del Espíritu.

El corazón es engañoso y desesperadamente perverso, aun así, la iniquidad no tiene por qué ser emitida, se puede prevenir. De la misma manera en que obedecemos lo incorrecto, podemos obedecer lo correcto: nos llegan pensamientos, sugerencias, deseos, y nos toca elegir si queremos retenerlas o no (Josué 24:15; Romanos 6:19). Realmente simple. Aun así, no es tan fácil en la práctica. No todavía. Este elemento espiritual en la humanidad no es nada inherente, es nuestro solo a través de la gracia de Dios, que ha colocado una "enemistad" sobrenatural dentro de nosotros entre lo bueno y lo malo (Génesis 3:15). Mientras no tengamos el poder para *hacer* el bien, al menos nos dio la libertad de *elegir* el bien.

Cristo no pudo hacer nada por sí mismo

La experiencia de Cristo no fue diferente a la nuestra. Todo lo que Él pudo hacer fue elegir hacer lo correcto. Tuvo que clamar con "llanto fuerte y lágrimas" (Hebreos 5:7).

¿Por qué? Porque Él vino a mostrarnos la única manera en que podemos obtener las victorias que necesitamos en nuestras vidas.

Él dijo: "No puedo hacer nada por mí mismo", "No hago nada por mí mismo" (Juan 5:30; 8:28). *Yo no hago Mis propias obras.* ¿Acaso esto no es una buena explicación en si misma? Él dice que no podía. Si lo hubiera hecho, habría fallado en ser nuestro ejemplo perfecto y nuestra salvación se habría perdido. ¿Deberíamos subestimar el sacrificio que Dios hizo al poner todo el cielo y la eternidad en riesgo para nuestra salvación? Imagina lo cerca que estuvo a que todo se cayera en pedazos. Medita en la tentación de Cristo en el desierto después de cuarenta días de ayuno y el diablo se le aparece y le dice: "di que estas piedras se conviertan en pan" (Mateo 4:3). ¿Qué tan fácil es para ti comprometerte cuando se está muriendo de hambre y no hay nada más que comer, excepto aquello que viola tu conciencia? ¡Nadie miraba en esa ocasión, seguramente Cristo podría haber hecho las rocas pan y haber comido, ¿verdad?! Y en el Getsemaní: tres veces su humanidad se redujo del sacrificio. ¿Qué tan dispuestos estamos de asumir la culpa de los demás por algo que nunca hicimos? Cristo, que nunca pecó, gustosamente se sometió a ser culpado por los pecados de todos los que alguna vez vivieron. ¡Gracias sean dadas a Dios, que su amor por ti fue mayor que su amor por sí mismo!

El Padre hizo las obras

Cristo dijo: "No puedo hacer nada por mí mismo", "El Padre que mora en mí, Él hace las obras" (Juan 14:10). Aquí estaba su salvación, y también la nuestra. Habiendo tomado sobre sí mismo a la humanidad caída, Cristo por sí mismo, no pudo producir una vida perfecta. *Pero si Él permitiera* que Dios obrase a *través* de Él, siendo así un medio transparente, entonces su vida podría estar llena de la perfección de Dios.

A lo largo de su vida, dijo: "En tus manos encomiendo mi espíritu" (Lucas 23:46), el Gran Alfarero pudo moldear la vida de su preciosa arcilla. No fue Cristo, sino el Padre quien hizo las buenas obras en Él.

Las obras de Dios son perfectas

En la oración de confesión de Daniel en nombre de toda la nación de Israel, dijo: "El Señor, nuestro Dios, es justo en todas las obras que Él hace" (Daniel 9:14). En otras palabras, todo lo que Dios hace es Correcto, Perfecto, Justo, Puro, y Santo. Su corazón es puro y, por lo tanto, todo lo que surge de Él es como el agua de vida que fluye de su trono. Él es el estándar de la perfección. Nada menos que eso, no es perfección. Él es eterno, y todos los que pasarán la eternidad con Él deben ser santos, así como Él es santo (Mateo 5:48; 1ª Pedro 1:16). Los redimidos caminarán con Él en vestiduras blancas porque son dignos (Apocalipsis 3:4). Amós pregunta: "¿Andarán dos juntos, si no estuvieren de acuerdo?" (Amós 3:3).

Cristo no vivió su propia vida. El Padre vivió su vida por medio de su Hijo. Cuando Cristo resucitó a los muertos, no fue por su propio poder, sino por el poder de su Padre. Jesús no tenía más poder, para resucitar a los muertos y calmar el mar tormentoso, que tú o yo. Fue el Padre quien lo hizo. Cristo simplemente dejó que Dios obrase a través de Él.

Cristo fue la expresión visible del Padre

En otro aspecto de la vida de Cristo, vemos la manifestación de su amor hacia la humanidad pecadora. Comió y bebió con publicanos y rameras (Lucas 5:30). A la adúltera, dijo: "Tampoco yo te condeno" (Juan 8:11), y al enfermo de parálisis, "Tus pecados te son perdonados" (Mateo 9:2). Pero esto no fue la manifestación de Cristo, porque Él dijo: "Nadie conoce al Hijo, sino el Padre"; Él vino a revelar al Padre (Mateo 11:27), y el amor que Él manifestó fue el amor del Padre hacia el pecador. Cristo no fue un "intercesor" protegiendo al hombre de la ira de Dios. Fue la expresión visible del deseo del corazón del Padre de atraernos a Él una vez más.

La vida de Dios

La vida de Cristo fue una vida que se midió con la vida del Padre, ya que era la vida misma del Padre. La vida de Cristo fue la vida de Dios. No porque Cristo era Dios, recordemos que Él se despojó de su divinidad, sino porque se hizo humano y en su humanidad permitió que Dios viviera su propia vida a través de Él. En Cristo todos somos uno (Gálatas 3:28). Así como Él estaba en el Padre, también nosotros si permanecemos en Él. Debemos permanecer en Cristo; porque sin Él nada podemos hacer (Juan 15:4). ¡Pero Él por sí mismo nada podía hacer! Sin embargo, si permanecemos en Él, podemos producir buenas obras. ¿Cómo puede ser esto?

Lo que el Padre produjo en la vida de Cristo, lo hizo en nosotros

Cristo estaba en el "seno del Padre" (Juan 1:18) –Él estaba en el Padre. Y si nosotros estamos en Él, entonces estaremos en el Padre tal como Él es. Él se hizo uno con nosotros y nosotros somos uno con Él y si Él y su Padre son uno, entonces también somos uno con el Padre. "Para que también ellos sean uno en nosotros" (Juan 17:23). Por lo tanto, todo lo que el Padre produjo en la vida de Cristo, Él lo produjo en nuestras propias vidas. La vida de Cristo fue nuestra propia vida.

Medita en esto: Cuando Cristo resucitó, nosotros resucitamos con Él (Oseas 6:2). Y ahora mismo nos sentamos en lugares celestiales ya que Él y nosotros somos uno (Efesios 1:20, 2:6). Sin embargo, Él también está en este mundo "porque como Él es, así estamos nosotros en este mundo" (1ª Juan 4:17). Él está tan perfectamente identificado con nosotros, que donde Él está también estamos allí. Esto no solo es cierto en el tiempo futuro al que se refiere en su promesa: "vendré otra vez, y os tomaré a mí mismo; para que donde yo estoy, vosotros también estéis" (Juan 14:3), sino ahora mismo estamos con Él, ya que nos dice: "Y he aquí yo estoy con vosotros todos los días, hasta el fin del mundo" (Mateo 28:20).

Y ya no vivo yo, más Cristo vive en mi

Cristo dijo: "De cierto os digo que en cuanto lo hicisteis a uno de estos mis hermanos más pequeños, a mí lo hicisteis" (Mateo 25:40). Puedes leerlo literal. Lo hicimos a Cristo ya que Él se hizo uno con cada individuo. Debemos leer la palabra de Dios como niños. Cristo no solamente se hizo "nosotros", sino que se hizo "yo mismo". Toda persona en este mundo tiene el derecho de decir con el apóstol Pablo: "Con Cristo *estoy* juntamente crucificado; más vivo, ya no yo, sino que Cristo vive en *mí*" (Gálatas 2:20).

Ahora, si estamos dispuestos a decir esto, ya que es la verdad de todo el asunto, y *si dejamos ir nuestro viejo hombre y permitimos que Dios* obre en nosotros, ¿será solo Cristo viviendo en mí? Es más que la vida de Cristo. El Padre vivió y trabajó en Cristo, y cuando digo que es Cristo quien vive en mí, puedo estar seguro que es el Padre quien vive en mí. "Si alguno me ama, mi palabra guardará; y mi Padre le amará, y vendremos a él, y haremos con él morada" (Juan 14:23). Cuando el Padre estaba obrando en Cristo, Él estaba obrando en nosotros, por consecuencia podemos obtener una vida que se mide con la vida de Dios, ya que esa vida es la vida misma de Dios.

La vida de Dios sin ser Dios

Pero algo debe quedar claro, que no somos Dios, ni nunca

podríamos serlo, porque la mentira más grande de Satanás es que "seremos como dioses" (Génesis 3:5).

Sin embargo, nuestra vida estará llena con las obras de Dios. Medita en esto. La vida que Cristo vivió es la misma vida que Dios vivirá en nosotros. Una vida de perfección y libertad de la culpa de la condenación, ya que Cristo en su muerte cargo con toda esa vergüenza y condenación que nos aflige hoy. Una vida donde la mente divina ha resuelto todos nuestros problemas y lo único que tenemos que hacer es dejar que Él obre esa solución en nosotros hoy. Si Jehová hace las obras en nosotros, entonces Él mismo se encarga de las consecuencias. Si a otros no les gusta lo que Él está haciendo a través de nosotros, eso será una responsabilidad que Él mismo enfrentará, no está de nosotros cargar con algo que no nos corresponde. Si nos rechazan, no somos nosotros a quienes están rechazando, sino a Él (Lucas 10:16). No tenemos que tomarlo personal. Nuestra única responsabilidad es asegurarnos de que sea Él quien esté haciendo todas las obras en nosotros, y tendremos paz (Isaías 26:12).

Adán en el jardín del Edén pudo haber vivido una vida perfecta. Sin embargo, nunca pudo haber alcanzado esta gran bendición; ¡Tener la vida misma de Dios viviendo a través de él! ¿Cómo puede ser posible que alguien que no es Dios pueda vivir la misma vida de Dios? ¡Oh, qué maravilla! ¡Qué revelación, qué privilegio, que paz, que alivio, y alegría!

Amigo mío, te invito a mirar tu vida y confesar ante Dios que la vida que Él te ha dado la has arruinado. Se honesto con Él y contigo mismo, que todo lo que tocas se desintegra y eventualmente se cae en pedazos, y lo que no se cae, es solo un gran engaño, una ilusión. Luego contempla la vida de Dios y medita en su paz perfecta que puede ser tuya, si simplemente dejas de tratar de resolver las cosas por ti mismo. ¿Cómo, entonces, puedo obtener esa vida? ¿Cómo lo obtuvo Cristo? Estas son preguntas que ahora buscaremos las respuestas.

CAPÍTULO 4

Cristo nació del Espíritu

Jesús dice, "Permaneced en mí, y Yo en vosotros; porque separados de mi nada podéis hacer". ¡Pero Él, por sí mismo no pudo hacer nada! Las obras en su vida no fueron suyas, no provenían de Él mismo, sino del Padre. Antes de examinar que significa permanecer en Jesucristo, primero, examinaremos cómo fue que el Padre permaneció en Él.

En primer lugar, debe notarse que hubo una diferencia entre su nacimiento y el nuestro. El ángel dijo a María: "El Espíritu Santo vendrá sobre ti, y el poder del Altísimo te cubrirá con su sombra; por lo cual también el Santo Ser que nacerá, será llamado Hijo de Dios" (Lucas 1:35).

Pero mientras a este Niño se le refería como aquel "Santo Ser", no debe pasarse por alto que Él recibió aporte hereditario de su madre, María. ¿Qué tipo de herencia fue esa? Se muestra claramente en el Antiguo Testamento y se identifica más especialmente en los relatos de los reyes de Israel en los libros de Reyes y Crónicas. Él no recibió nada "santo" de su madre.

Fue la aportación del Espíritu Santo que proveyó su santidad. Tanto en su nacimiento, como en el resto de su vida. Las palabras de su boca fueron: "El Padre... mora en mí" (Juan 14:10). La morada del Padre fue posible gracias a la presencia del Espíritu Santo. Fue por el Espíritu que el Padre habitó en el seno de su propio Hijo.

Esto no era una ventaja sobre el resto de la humanidad, ya que somos llamados a "nacer de nuevo", para que también podamos ser "nacidos del Espíritu" (Juan 3:5-8). Cuando hagamos esto, así como el Padre habitó en su Hijo, al nacer de nuevo, el Espíritu "morará en vosotros, y estará en vosotros" y, Jesús dice, que, por medio de éste, "vendré a vosotros" (Juan 14:17,18).

Pero más que eso: "Mi Padre lo amará, y vendremos a Él, y haremos nuestra morada con Él" (versículo 21).

Excepto, que Cristo naciera del Espíritu desde el nacimiento, podía entrar plenamente a nuestra propia experiencia. Y cuando nacemos de nuevo del Espíritu de Dios, también nosotros podemos empezar una nueva vida con un registro limpio, teniendo todos nuestros pecados pasados lavados, para que nos presentemos ante Dios como un hombre nuevo, como alguien que nunca pecó. Pero las palabras "Santo Ser" solo pueden aplicarse a Cristo porque Él es el único que ha vivido una existencia pura y sin pecado.

¿Cómo vivió el Padre su vida en su Hijo?

Pero, ¿cómo fue que el Padre vivió su vida a través de su Hijo? Tenemos una pista aquí en Juan 14:31 donde Cristo dice: "Como el Padre me dio el mandamiento, así lo hago". La palabra "mandamiento" puede ser muy confusa. A menudo leemos la palabra como algo que necesitamos ir y hacer. En breve, llegaremos a una nueva apreciación de lo que realmente significa esta palabra para nosotros.

El Padre le dio a Jesús el "mandamiento" y Él lo hizo. En otra parte de los evangelios, Jesús dice: "No puede el Hijo hacer nada de sí mismo, sino lo que ve hacer al Padre; porque todo lo que Él hace, eso también hace el Hijo igualmente. Porque el Padre ama al Hijo, y le muestra todas las cosas que Él hace; y mayores obras que éstas le mostrará, de manera que vosotros os maravilléis" (Juan 5:19,20).

Aquí podemos ver un interesante intercambio de palabras, pero el pensamiento es el mismo. Jesús hizo lo que el Padre le mandó que hiciera; Pero, ¿cómo le mandó? Lo que Él "vio al Padre hacer... esto también hace al Hijo... Porque el Padre...

le muestra todo lo que Él hace". El mismo pensamiento contenido en "dar el mandamiento" está en que el Padre "le muestra", el resultado fue lo mismo. Las consecuencias fueron la obediencia del Padre en la vida de Cristo.

El poder de Dios está en su Palabra

Encontremos la similitud en este pensamiento 2ª Corintios 4:6 nos dice: "Porque Dios, que mandó que de las tinieblas resplandeciese la luz". En Génesis 1:3, leemos que Dios dijo, "Hágase la luz; y fue la luz". Su palabra produce las cosas por sí misma. Y otra vez en el verso 9: "Dijo también Dios: Júntense las aguas que están debajo de los cielos en un lugar, y descúbrase lo seco. Y fue así".

Todo lo que Dios habló, llegó a la existencia. Él dio el mandamiento: "Sea la luz", y "fue la luz". Y así fue como sucedió en cada día de la creación.

Isaías 55:10-11 nos dice: "Porque como desciende de los cielos la lluvia y la nieve, y no vuelve allá, sino que riega la tierra, y la hace germinar y producir, y da semilla al que siembra, y pan al que come, así será mi palabra que sale de mi boca; no volverá a mí vacía, sino que hará lo que yo quiero, y será prosperada en aquello para que la envié".

La palabra de Dios es auto realizadora. Dios habla, y así es. Por eso Dios "no puede mentir" (Tito 1:2).

Cuando Jesús fue tentado por satanás en el desierto, Él respondió a cada una de las sugerencias de Satanás con un: "escrito esta". La palabra de Dios fue su defensa.

En Salmos 119:11, Él dice: "En mi corazón he guardados tus dichos, para no pecar contra ti". Y otra vez en Salmos 17:4: "Por la palabra de tus labios me he guardado de los caminos del destructor". El poder de Dios está en su Palabra. Así fue como Cristo Jesús dependió de la palabra de Dios para no pecar.

Efesios 6:17 describe la Palabra como la "espada del Espíritu", y conectando esto con Hebreos 4:12 vemos que es un arma poderosa en la batalla contra el pecado. "Porque la palabra de Dios es viva y eficaz, y más cortante que toda espada de dos filos; y penetra hasta partir el alma y el espíritu, las coyunturas y los tuétanos, y discierne los pensamientos y las intenciones del corazón".

La Palabra obró en Cristo

Así como el Padre dio el mandamiento, Jesús lo hizo. La palabra que el Padre dio, trabajó dentro de Él, el guardar el mandamiento. Hablando en favor de Jesús en el Salmos 40:7-8, el Salmista escribe: "Entonces dije: He aquí, vengo; en el rollo del libro está escrito de mí; el hacer tu voluntad, Dios mío, me ha agradado, Y tu ley está en medio de mi corazón". La ley de Dios estuvo dentro del corazón de Jesús, y a través de ella, el Padre trabajó su voluntad en la vida de su Hijo Amado.

Sin fe, no podemos agradar a Dios. Muchos de nosotros, cuando leemos sus diez mandamientos, leemos como si fueran instrucciones como algo que tenemos que ir y hacer, y si no lo hacemos, entonces somos condenados a muerte.

Pero necesitamos hacer esta conexión, cuando Dios manda que de las tinieblas brille la luz, y cuando ordena su Santa Ley en el Sinaí. En Génesis, el mandamiento mismo producía lo que Dios deseaba. Y Dios es "el mismo ayer, hoy, y siempre" (Hebreos 13:8). Su palabra siempre va a obrar *si* hacemos lo que la creación hizo en el principio – "permitir".

Diez promesas

2ª Pedro 1:4 nos dice que Dios, "por medio de las cuales nos ha dado preciosas y grandísimas promesas, para que por ellas fueseis hechos participantes de la naturaleza divina, habiendo huido de la corrupción que hay en el mundo por la concupiscencia". Esto incluye especialmente los diez mandamientos. Para aquellos que poseen una fe genuina, los diez mandamientos dejan de ser una regla arbitraria, y más bien son testigos de la "santa justicia de Dios" que se manifiesta en la vida de "todos aquéllos que creen" (Romanos 3:21,22).

Cristo Jesús entendió el poder de la palabra; y se sometió así mismo la influencia de ella; por medio del Antiguo Testamento, el Padre le mostró lo que estaba haciendo. A los creyentes en el aposento alto después de su resurrección, Cristo les dijo: "Estas son las palabras que os hablé, estando aún con vosotros, que era necesario que se cumpliese todo lo que está escrito de mí en la ley de Moisés, en los profetas y en los Salmos" (Lucas 24:44).

En la Ley de Moisés, en los Profetas, y en los Salmos, el Padre había mostrado a su Hijo la obra que haría en Él y en qué momento se cumpliría. A los dos discípulos quebrantados de corazón en el camino a Emaús, dijo: "y comenzando desde Moisés, y siguiendo por todos los profetas, les declaraba en todas las Escrituras lo que de Él decían" (Lucas 24:27). Todo el antiguo testamento fue una revelación de la vida que el Padre viviría en su propio Hijo cuando Él viniera a esta tierra. Y mientras Cristo estudiaba la palabra con un corazón receptivo a su influencia, cuando llegó la plenitud del tiempo, el Padre cumplió su palabra en su Hijo.

En el siguiente capítulo, veremos la fe de Jesús que trajo el cumplimiento de la palabra en su vida.

CAPÍTULO 5

El poder de Dios para salvación

Jesús no "vivió solo de pan, más de toda palabra que sale de la boca de Dios" (Deuteronomio 8:3). Diariamente se sometía a la obra de la palabra en su vida. Esa palabra fue "el poder de Dios para salvación" (Romanos 1:16). Él sabía que era por el "poder de su palabra" que Dios "sustenta todas las cosas" (Hebreos 1:3), y confió en que si ese poder era capaz de mantener a los mundos en su movimiento ordenado, y de mantener el sol en su curso matutino y vespertino, estaba seguro de confiar plenamente que lo guardaría de caer en pecado.

Pero había algo en particular acerca del creer de Jesús en el poder de Dios. En Santiago 2:19, nos dice que "los demonios también creen, y tiemblan". Los demonios entienden el poder de Dios que está en su palabra. Ellos saben por experiencia de primera mano. Han sido testigos de la creación de muchos mundos. También creen que Dios nos amó tanto que envió a su Hijo unigénito a este mundo. Ellos creen muchas cosas que las escrituras declaran concerniente a Dios. También saben que hay poder en su Palabra para realizar lo que Dios manda. Sin embargo, no son salvos. La razón de su temblor es porque conocen que la palabra que Él declare en juicio en contra de los malhechores se cumplirá. Muchos cristianos hoy creen en el amor de Dios, y que ese Amor envió a su Hijo a morir por ellos. Ellos creen que su palabra es verdadera; que sus promesas son seguras; que la destrucción de la que Él nos advierte es inminente, sin embargo, parece ser que no llegan a vivir una vida tan pura y santa como la del Hijo de Dios. ¿Por qué pasa esto? ¿Qué fue lo especial acerca de la fe de Jesús que trajo a su vida la obediencia de Dios?

Cristo leyó la palabra de Dios como dirigiéndose a Él mismo

Simplemente fue esto: leyó la palabra de Dios y la tomó personalmente como dirigiéndose a Él mismo. No tomó ninguna de las Escrituras y dijo: 'Oh, eso se refiere a otra persona'. No. Tomó cada palabra y la aplicó a Él personalmente. En resumen, cuando leyó en la palabra de Dios: "Tú eres el hombre", lo tomó como, eso se dirige a mí.

Cuando Jesucristo estaba colgado en la cruz, clamó: "Dios mío, Dios mío, ¿por qué me has desamparado?" En Isaías 59:1-2, nos explica su experiencia. "He aquí que no se ha acortado la mano de Jehová para salvar, ni se ha agravado su oído para oír; pero vuestras iniquidades han hecho división entre vosotros y vuestro Dios, y vuestros pecados han hecho ocultar de vosotros su rostro para no oír". En Cristo se estaba cumpliendo lo dicho por Isaías 53: "... más Jehová cargó en Él el pecado de todos nosotros" (v.6). Bajo esta carga de culpa que Él cargó por nosotros, declara: "más yo soy gusano y no hombre" (Salmos 22:6). "Porque me han rodeado males sin número; me han alcanzado mis maldades, y no puedo levantar la vista. Se han aumentado más que los cabellos de mi cabeza, y mi corazón me falla" (Salmos 40:12).

Jesús acepto todos los pecados terribles que han sido identificados en las escrituras como suyos, como si fue Él quien los hizo. A cada una de las acusaciones de la palabra de Dios contra los malhechores, Él dijo: "Yo soy ese hombre".

Él tomó las promesas personalmente

De la misma manera, se aferró a las promesas de Dios y las aplicó a su propia experiencia personal. En Salmos 22 se hace el terrible clamor profético: "Dios mío, Dios mío, ¿por qué me has desamparado? ¿Por qué estás tan lejos de mi salvación y de las palabras de mi clamor? Todos los que me ven me escarnecen; estiran la boca, menean la cabeza, diciendo:

se encomendó a Jehová; líbrele Él, Sálvele, puesto que en Él se complacía... Porque perros me han rodeado; Me ha cercado cuadrilla de malignos; Horadaron mis manos y mis pies. Contar puedo todos mis huesos; Entre tanto, ellos me miran y me observan. Repartieron entre sí mis vestidos, Y sobre mi ropa echaron suertes" (versos 1,7,8,16-18).

Pero el capítulo 23 es el Salmos del Pastor: "Jehová es mi pastor; nada me faltará. En lugares de delicados pastos me hará descansar; Junto a aguas de reposo me pastoreará. Confortará mi alma; Me guiará por sendas de justicia por amor de su nombre".

Cristo nunca se desvío de la senda de las buenas-obras, Él siempre hizo la voluntad de su Padre y ahora, a pesar de que, no puede ver su rostro reconciliador, Él cree y confía que su Padre es aún su consuelo, su Pastor que lo cuida y que incluso ahora, sobre la cruz Él lo está guiando por senda de justicia.

Jesús camino en el valle de sombra de muerte, y la palabra para Él en ese momento fue, "Aunque ande en valle de sombra de muerte, No temeré mal alguno, porque tú estarás conmigo; Tú vara y tu cayado me infundirán aliento".

Él recibió esto como una promesa para sí mismo, de que, a pesar del abismo entre Él y su Padre era tan ancho, tan negro, tan profundo, confío en estas palabras "Tú estás conmigo". Y dijo, "Padre, en tus manos encomiendo mi espíritu; y habiendo dicho esto, expiro" (Lucas 23:46). Él confío en las palabras "Tú estás conmigo" y encomendándose a sí mismo en las manos de su Padre, a quien creyó que estaba justo allí a su lado en la oscuridad, entrego su espíritu.

Jesús es declarado como la Palabra de Dios. Y mientras su vida se iba agotando, Él reposó en la promesa de que al tercer día saldría de la tumba glorificado. "Porque no dejarás mi alma en el Seol, Ni permitirás que tu Santo vea corrupción" (Salmos 16:10). Él confío en que Dios cumpliría su palabra.

"Aderezas mesa delante de mí en presencia de mis angustiadores; Unges mi cabeza con aceite; mi copa está rebosando. Ciertamente el bien y la misericordia me seguirán todos los días de mi vida, Y en la casa de Jehová moraré por largos días" (Salmos 23:5-6).

Salmos 24, es el Salmos de la Asunción.

Versos 7-10: "Alzad, oh puertas, vuestras cabezas, Y alzaos vosotras, puertas eternas, Y entrará el Rey de gloria. ¿Quién es este Rey de gloria? Jehová el fuerte y valiente, Jehová el poderoso en batalla. Alzad, oh puertas, vuestras cabezas, Y alzaos vosotras, puertas eternas, Y entrará el Rey de gloria. ¿Quién es este Rey de gloria? Jehová de los ejércitos, Él es el Rey de la gloria". Amen.

La Fe de Jesús

Cristo recibió las escrituras como hablándole a Él mismo personalmente. Y día tras día, el Padre le desplegó su voluntad, como pasar de página en página. Desde su primera Pascua en Jerusalén, Él se dio cuenta que su vida sería dada por los pecados del mundo entero, su entrada triunfal en Jerusalén montado en el pollino, y luego del Getsemaní al Calvario, cada momento de su vida fue una sumisión a la maravillosa obra de la Palabra de Dios. Él recibió la palabra de Dios y la aplicó personalmente a Él.

Tal fe en la palabra trajo la obediencia perfecta de Dios. Esta es la fe de Jesús.

CAPÍTULO 6

El mismo privilegio se nos ofrece

Cristo no vivió su propia vida. Más bien, Él se rindió momento tras momento a la vida de su Padre. No fue Cristo quien se manifestó a la humanidad, sino el Padre mismo a través de Hijo. Cristo se despojó de sí mismo, Él "se humilló a sí mismo" (Filipenses 2:8) – y fue el Padre quien hizo las obras en Él.

No hay mérito alguno en nosotros mismos que nos haga merecedores de la vida eterna. Todo cuanto podamos hacer está manchado por el pecado y egoísmo. No importa cuán perfecta sea nuestra imitación del propio carácter de Dios como se ejemplifica en los Diez Mandamientos, la verdad es que todas nuestras "buenas obras son trapos inmundos" (Isaías 64:6). Por lo tanto, Dios nos está ofreciendo el mismo privilegio dado a Jesús, es decir, que el Padre mismo viva su propia vida a través de nosotros.

Cristo es nuestro ejemplo

Cristo participó de nuestra propia condición y situación. Él mismo dice: "No puedo yo hacer nada por mí mismo" (Juan 5:30). Habiéndose vaciado de sí mismo, y hecho semejante a los hombres, Él hace esta declaración a nuestro favor, 'No podemos hacer nada bueno por nosotros mismos'. Este es el punto principal donde nuestra experiencia personal con Cristo Jesús comienza. Debemos hacer la misma confesión. Cristo fue bautizado, no por sus pecados porque no tuvo ninguno, sino como ejemplo de justicia para nosotros; para demostrar que debemos comenzar nuestra vida nueva en Él, despojándonos de la vieja vida por la confesión de que "no puedo hacer" y "no tengo" nada bueno en mí. El reconocimiento de nuestra condición deberá ser sincero, no sólo de labios para fuera, sino tiene que brotar de un corazón magullado por el pecado y aceptar que hemos hecho todo mal y en vano en nuestra vida. "Si Jehová no edificare la casa; en vano trabajan los que la edifican" (Salmos 127:1).

Un espíritu quebrantado y un corazón contrito y humillado son el propio sacrificio de Dios

Con demasiada frecuencia hemos tomado las cosas en nuestras propias manos y no esperamos a que Dios trabaje a través de nosotros, somos muy impacientes. Somos como el rey Saúl, nos impacientamos y realizamos el sacrificio nosotros mismos.

¿Cuán a menudo pensamos que es nuestro propio espíritu quebrantado y nuestro corazón contrito que Dios no despreciará? (Salmo 51:17).

Pero no, eso no es lo que la Escritura se refiere. De hecho, Él no despreciará el espíritu quebrantado y el corazón contrito y humillado, ya que Él dice: "El cielo es mi trono y la tierra estrado de mis pies..., Mi mano hizo todas estas cosas, y así todas estas cosas fueron, dice Jehová; pero miraré a aquel que es pobre y humilde de espíritu, y que tiembla a mi palabra" (Isaías 66:1,2). El espíritu quebrantado y el corazón contrito y humillado que Él no despreciará es *su propio sacrificio*, "Los sacrificios de Dios son el espíritu quebrantado: al corazón contrito y humillado no despreciarás tú, oh Dios" (Salm. 51:17), y esto Él ya lo suplió en su Hijo. Este es el sacrificio que Él no despreciará, y sólo cuando compartimos con Cristo Jesús en *sus* sufrimientos, confesando nuestra absoluta incapacidad de hacer algo correcto sin que el Padre lo haga por y en nosotros, entonces y solamente entonces tendremos la aprobación de Dios.

Lo que brota del corazón de Dios

Es su Hijo quien le obedeció toda su vida. El resto de nosotros estamos destituidos de la gloria de Dios. Nuestra salvación es solamente a través de Cristo. Pero solamente cuando estemos buscando constantemente nuestra salvación en Él, la encontraremos. Nuestro sentido de desesperación tiene que ser tan grande, como si ya estamos muriendo, que nos dará miedo seguir dependiendo de nosotros mismos; y día tras día, momento tras momento, gemiremos: "Señor tu haz lo bueno en mí, porque yo no puedo".

El Padre produjo su propia vida en su Hijo a través del poder de la palabra que permaneció en Él. Al principio, cuando Dios habló, esa palabra hablada fue producto de su propio corazón. "Y vio Dios todo lo que había hecho, y he aquí, que era bueno en gran manera" (Génesis 1:31). Del corazón brotan los asuntos de la vida. El corazón de Dios es puro, santo y bueno, y lo que Él habló a la existencia en el principio de la creación fue exactamente eso. La palabra de Dios produjo lo mismo que Él habló, lo bueno.

Cuando Cristo Jesús estaba en el camino a Emaús, Él declaró a los dos discípulos "en todas las escrituras las cosas concernientes a sí mismo" (Lucas 24:27). Todo el antiguo testamento fue una revelación de la vida de Cristo. Pero esa vida que Él vivió fue la vida misma del Padre.

La carne y sangre de Cristo

La noche antes de la crucifixión, Cristo instituyó el servicio de ordenanza del pan y el vino. Probablemente, desconocido para ellos, Cristo había tratado de ayudar a sus discípulos a comprender el significado de esto en su conversación con la gente el día después de la alimentación de los cinco mil (Juan 6). Les había declarado que la vida eterna solo podía ganarse bebiendo su sangre y comiendo su carne. Los escritos de Moisés les prohibía comer sangre, y se sintieron repulsados e indignados en pensar que eso sería un acto de canibalismo.

Cristo procedió a clarificar lo que Él había hablado, para aquellos que estaban discerniendo lo espiritual, Él les afirmó, que las palabras que habló fueron las que les darían vida. La gente debía recibir sus palabras y asimilarlas a sus experiencias. Él no estaba hablando de su carne y sangre literal.

Mientras gran parte del mundo cristiano reconoce la sangre de Cristo que "nos limpia de todo pecado" (1ª Juan 1:7), ellos lo ven solamente como derramado sobre la cruz en el Calvario: la muerte de la víctima para el sacrificio por los pecados de todo el mundo. Sin embargo, "la vida está en la sangre" (Levítico 17:11).

Cuando las escrituras hablan de la sangre de Cristo, no habla simplemente a su muerte, sino de su vida.

Mientras que la muerte de Cristo en la cruz nos reconcilia con Dios, es *su vida* la que nos salva (Romanos 5:10). Y esta vida es la que estaba en la sangre. Al participar de la *vida* de Cristo, es como seremos salvos. Cuando somos crucificados con Cristo, nuestros pecados pasados son lavados.

Es el pecado lo que nos separa de Dios. Cuando todo ese pecado es llevado de nosotros, no hay nada más que nos separe de Dios y somos reconciliados con Él (Romanos 5:10). Sin embargo, esto solo cuenta con el pecado que ha sido cometido. ¿Qué hay con la posibilidad de volverlo hacer? Ese es el trato, que por la vida de Cristo seremos salvos, y mientras continuemos recibiendo su vida, estaremos recibiendo la misma victoria sobre la tentación y la tendencia hacia el mal que Él venció.

La Palabra es Vida

Un pensamiento muy importante para conectar lo anterior, Cristo declaró: "las palabras que Yo os he hablado son espíritu y son vida" (Juan 6:63). Él dijo, "No sólo de pan vivirá el hombre, sino de toda palabra que sale de la boca de Dios" (Mateo 4:4). La Palabra misma es vivificante porque "por la palabra del SEÑOR fueron hechos los cielos... Porque Él habló, y fue hecho; Él mandó, y existió (Salmo 33:6,9). "Y dijo Dios, sea la luz: y fue la luz" (Génesis 1:3). Por lo tanto, la vida de Cristo está en la Palabra, y mientras recibamos la Palabra y su poder para que trabaje en nosotros, estaremos recibiendo la vida misma de Cristo. Pero más que eso, así como el Padre trabajó en Él a través de la Palabra, así también obrará en nosotros, ya que esa Palabra fue la misma vida del Padre.

La misma sujeción que Cristo mostró al Padre cuando camino en esta tierra –como cuando llevó a los Israelitas al desierto y habló con y por medio de los profetas– es manifestado en el antiguo testamento como en el nuevo. Él declaró a cerca de sí mismo "que ya existía desde la eternidad" (Juan 8:58), Él dijo, "El Señor Dios, y su Espíritu me han mandado" (Isa. 61:1).

Cristo mismo es el Verbo Juan 1, sin embargo, en el Antiguo Testamento el Hijo no habló por sí mismo, sino que expresaba los propios pensamientos del Padre. Por lo tanto, es la vida del Padre que se manifiesta en el Antiguo Testamento y esta es la vida que Él vivió en su Hijo. ¡Qué amor tiene Cristo por nosotros para que Él se humillara a sí mismo y quedara subordinado a Aquél que era su igual en todas las cosas!

Basándonos en este fundamento de la verdad, cuando estudiamos las escrituras del antiguo y del nuevo testamento, estaremos leyendo la vida de Cristo, que es la de Dios. Esa misma vida debemos hacerla nuestra propia, ingerirla y asimilarla. Pero, ¿cómo hacemos eso?

CAPÍTULO 7

Leyéndonos en la palabra

Cuando leamos la Biblia, podemos ver que todas las escrituras están hablando de Cristo. El Antiguo Testamento es una revelación de lo que el Padre *trabajaría* en Él, y el Nuevo Testamento afirma lo que el Padre obro en Él. Pero no solo en Él, sino también en las vidas de todos aquellos que recibieron estas verdades, como el apóstol Pablo.

Nosotros mismo debemos también leer las escrituras y recibirlas como dirigiéndose directamente a nosotros. Todas las advertencias y todas las promesas en ellas escritas son para nosotros. <Pero sólo nos benefician cuando nos leemos en los relatos bíblicos>.

Permíteme ilustrar esto: María la prostituta fue arrojada hasta los pies de Jesús para ser condenada. Mas, sin embargo, Jesús le dijo: "Ni yo te condeno; vete, y no peque más" (Juan 8:11). Si bien hay una gran cantidad de esperanza para nosotros en esta revelación del amor de Cristo por nosotros al no condenarnos por nuestros pecados, la bendición de esta historia solo se recibe a medias.

Al leer la Palabra de Dios en un sentido literal, vemos que esta promesa se aplica especialmente para aquellos que son culpables de prostitución y adulterio. ¿No es verdad que aquellos cuyas vidas contienen tales historias encuentran el mayor consuelo en estas palabras "Ni yo te condeno"? Y ese consuelo y alivio está disponible para cada uno de nosotros, porque nadie es mejor que nadie. Excepto, sino no fuera por el Espíritu Santo que nos retiene, ¿cuántos de nosotros seríamos culpables de los mismos pecados que los fariseos condenaron?

La biblia dice, que las obras *de* la carne (singular) son manifiestas. Esto significa que todos tenemos el mismo potencial. Ciertas tendencias pecaminosas son más fuertes en algunos que en otros, ya que dependen de nuestra genética y hábitos cultivados, pero la misma propensión reside dentro de todos nosotros. Y puede no necesariamente tomar mucho tiempo para que florezca.

Cuando estemos dispuestos a reconocer esto y confesar que somos el principal de los pecadores (1ª Timoteo 1:15), entonces no tendremos vergüenza de contar todas las experiencias en las escrituras como nuestras. Sino más aun, estimaremos a todos los demás, incluso al más vil pecador, mejor que a nosotros mismos (Filipenses 2:3).

Pero el punto en cuestión es el siguiente: cuando el profeta Natán vino a David, y le declaró: "Tú eres el hombre" (2° Samuel 12:7), estaremos dispuestos a hacer la misma confesión de David y diremos: "Yo soy el hombre". Nos consideraremos a nosotros mismos como culpables de asesinato y adulterio.

Confesaré que esto es algo difícil de hacer, ya que experimento la dificultad de esto en mí mismo, pero cuando hago esto, la promesa es segura y mía es.

Cristo le dice al adúltero: "Tampoco yo te condeno. Ve y no peques más". Y para el asesino David, la promesa también es mía: "Jehová ha remitido tu pecado; no morirás" (2° Samuel 12:13). Dios es muy específico y claro; y cuando tratamos con Él, también lo debemos hacer.

Pero alguien puede decir: "No soy culpable de asesinato, ¡nunca he matado!" ¿Alguna vez te has enfadado con un familiar o un amigo, vecino, etc.? Cristo declara que esto es homicidio (Mateo 5:21-22), porque la verdad del asunto es que, si tuvieras la oportunidad, los habrías eliminado de este mundo.

También puedes decir: "No he cometido adulterio". ¿Alguna vez ha mirado a una mujer u hombre y la has deseado en tu carne? (Ver Mateo 5:28). Sé que alguien puede decir: "¡Nunca he hecho tales cosas en toda mi vida!" Entonces tu, especialmente tú, tienes que ser contado como culpable, como cada pecador en la Biblia, no hay excepciones.

Nunca trates de ocultar tus pecados de Dios

Nunca debemos avergonzarnos de confesar nuestros pecados a Dios, aunque solo hayan permanecido en la esfera de nuestros pensamientos, porque Él ya los conoce todos. No hay nada que podamos ocultar de Él. En realidad, existe un gran alivio al confesar nuestros pecados y reconocer nuestros errores. Si Dios ya sabe todo lo que hemos hecho o pensado, entonces, ¿por qué tratar de ocultárselo y cargar innecesariamente el sentido de la culpa en nuestra conciencia? ¿Por qué no solo decir, "¡Señor, lo siento! ¡He pecado contra ti!?" Si hacemos eso, toda la carga se caerá de nuestros hombros, todo. Porque cuando el Espíritu de Dios nos convence de algo pecaminoso y nosotros confesamos que así es, entonces nuestros pecados son quitados de nosotros, Él se los lleva. Porque confesar es reconocer lo mismo: "es pecado" –es estar en armonía total con Dios– y "si confesamos nuestros pecados, Él es Fiel y Justo para perdonar nuestros pecados, y limpiarnos de toda maldad" (1ª Juan 1:9).

Cristo tomó sobre Él la culpa de todos nuestros pecados y los confesó, aunque Él nunca los cometió

Jesucristo mismo confesó cada pecado que cometieron cada hombre y mujer que alguna vez vivieron. ¡Y Él no fue culpable de uno solo!

El salmista revela lo que pasaba por la mente de Cristo cuando colgaba sobre la cruz. Él dice: "Mis pecados son más que los cabellos de mi cabeza" y, "Mis pecados no te son ocultos" (Salmos 40:12, 69:5). Cristo contó *todos los pecados* como suyos. Se identificó perfectamente unido a nosotros que cada acto que hemos cometido por más terrible y asqueroso que sea, Él sufrió gustosamente la *culpa* de ellos. "Jehová ha puesto sobre mí la iniquidad de todos". El clamor arrancado de los labios de Cristo fue, "Dios mío, Dios mío, ¿porque me has desamparado"? (Salmos 22:1, Mateo 27:46).

Eso es un testimonio grandioso de la verdadera realidad de la carga de culpa que Cristo llevó. Ya que en Isaías dice: "... vuestros pecados han hecho ocultar de vosotros su rostro para no oír" (Isaías 59:2).

Además, Cristo dice en los Salmos: "¿Por qué estás tan lejos de mi salvación, y de las palabras de mi clamor"? (Salmos 22:1), fue por causa de nuestros propios pecados que fueron hechos para ser suyos. Ellos realmente se hicieron suyos y Cristo literalmente llevó el castigo por cada pecado que se haya cometido alguna vez. Él no murió por sus heridas, sino de un corazón roto y destrozado por el peso de nuestros pecados que lo separaron de su Padre.

También debemos confesar todo

Eso también debe ser nuestra experiencia hoy. Ya que estamos "crucificado con Cristo" y sepultado con Él, "en semejanza de muerte" (Gálatas 2:20, Romanos 6:5). El espíritu quebrantado y el corazón contrito y humillado Dios no despreciará. Es el corazón roto de un pecador, magullado por su insensatez, que exclamará como el ladrón en la cruz al lado de Cristo: "Señor, acuérdate de mí". El ladrón en la cruz al ver su situación presente, pudo discernir la experiencia de su vida como una situación desesperada. Cristo miró su propia vida, y vio a toda la humanidad que había reunido en su seno y pudo ver aquello que destruye el alma.

Por consiguiente, nosotros también debemos mirar nuestras vidas, reconocer y confesar que "en mi... no mora el bien", "no hay justo, ni aun uno" (Romanos 3:12; 7:18), que merezco la destrucción eterna, y todo el fuego del infierno, aun así, ardiera para siempre, nunca podría ser castigado de acuerdo con mi culpa.

El "Tiempo Aceptable"

Pero Cristo conocía el momento en que el alma humana es más "aceptable" para Dios, ya que lo había experimentado durante su ministerio. Cuando caemos en el fondo del pozo de la vida nos sentimos menos aceptables por Dios.

Cristo había caído hasta el fondo del pozo de la vida, cargando todo el peso de los pecados del mundo entero; un peso tan grande que llegó a sentirse "un gusano y no hombre" (Salmos 22:6), y que sus pecados eran más pesados que los cabellos de su cabeza, por eso no podía mirar hacia arriba (Salmos 40:12). Él clama desde su corazón, "Mas yo a ti elevo mi oración, oh Jehová, en *tiempo aceptable*; oh Dios, por la multitud de tu misericordia, por la verdad de tu salvación, escúchame" (Salmos 69:13).

En Isaías 49:7-8, leemos la respuesta del corazón del Padre en ese tiempo. "Así ha dicho Jehová, ... al menospreciado de alma, al abominado de las naciones... En *tiempo aceptable* te oí, y en el día de salvación te ayudé; y te guardaré; y te daré por pacto al pueblo".

Es cuando caemos todos quebrantados al pie de la cruz sobre la cual Cristo está colgado, que somos aceptados ante los ojos de Dios. Él sabe que no podemos vivir una vida correcta. Dios sabe que sólo hacemos un lío de todo y que todo lo que tocamos eventualmente se derrumba. Él está esperando que admitamos esto, que seamos honestos y que le digamos cuánto lamentamos haber intentado resolver las cosas por nosotros mismos.

Y al contemplar a Cristo en la cruz, llevando la misma culpa que yo cargo, sufriendo la penalidad de mis pecados que he cometido, al ver que Él recibe voluntariamente ese castigo en mi nombre por amor a mí, mi propia gloria es derrumbada hasta el polvo. Cristo conocía el amor de Dios por el pecador, y sabía que su Padre no lo había abandonado en la cruz, por lo cual Él dijo: "en tus manos encomiendo mi espíritu" (Lucas 23:46). Sabía que Dios recibiría un espíritu quebrantado y un corazón contrito, porque era su propio sacrificio. E inclinó su cabeza sobre su pecho y entregó su espíritu.

Así también nosotros debemos reposar en ese amor – debemos echarnos con el corazón quebrantado a los brazos del Padre, clamando: "En tus manos encomiendo mi espíritu". Y la paz que Jesús tuvo mientras descanso en la tumba será nuestra también. Este es el principio de nuestra salvación. Y el Alfa es también Omega (Apocalipsis 21:6).

Cada día muero

En las palabras del apóstol Pablo: "cada día muero" (1ª Corintios 15:31), está la descripción de la nueva vida en Cristo. Si morimos con Él, entonces resucitaremos con Él. Así como Él tomó nuestra vida pecaminosa sobre sí mismo y lo llevó a la tumba eterna, ahora a cambio de ella nos da su propia vida. Y, ¿cómo fue su vida? Una vida llena de la obra del Padre, aceptable tanto para Dios como para la ley. Por lo tanto, nuestra propia vida será llena con la obra del Padre y estará libre de culpa y condena.

Cristo recibió la palabra como hablándole a Él mismo. Y a través de Él debemos hacer lo mismo si queremos poseer los mismos frutos en nuestras propias vidas.

CAPÍTULO 8

Cristo se hizo uno con cada persona

Toda la escritura nos habla de Cristo, pero, también de nosotros. ¿Cómo puede ser eso posible? Ya que no somos Dios, tampoco somos la Palabra de Dios. Cristo fue la Palabra, y "la Palabra era con Dios y la Palabra era Dios... Y sin Él nada de los que ha sido hecho, fue hecho" (Juan 1:1-3). Nosotros, por otro lado, somos simples mortales dignos de la condenación eterna. Sin embargo, esa Palabra fue "hecha carne y habitó entre nosotros" (Juan 1:14). Sí y más que entre nosotros, porque Cristo dice que Él se ha unido a nosotros y que cualquier cosa que hagamos a otros lo hacemos a Él (Mateo 25:40). Ese "entre" no solo se refiere a una experiencia externa, sino también una experiencia interna. Cristo declaró que todo lo que hagamos al más pequeño de estos sus hermanos (y Él llamó a todos los hombres sus hermanos (Hebreos 2:17)), lo hacemos a Él mismo. ¿Cómo puede ser esto? Solamente uniéndose al individuo, siendo uno con él.

Vemos también en Hebreos que Cristo fue hecho en todas las cosas semejante sus hermanos, "todas las cosas" no excluye nada. Él es idéntico a nosotros mismos. Solamente siendo Él como nosotros somos, es que puede ser tocado con nuestras flaquezas con el sentir de nuestras enfermedades y ser tentado en todas las cosas, tal como somos. Cuando somos tentados, nuestras tentaciones son diferentes, de manera que Cristo es tentado en manera personal e individual con la persona.

A menos que Cristo se hiciera nosotros mismos, podría salvarnos

Al aplicar este pensamiento a las experiencias de la vida es comer su carne y beber su sangre. Cristo se hizo uno con cada persona, es decir, se unió a él o ella, por lo tanto, tiene todo el derecho de reclamar la culpa de cada individuo y presentarse ante la ley de Dios por haber cometido la transgresión. La ley de Dios no permitirá un sustituto. De hecho, la ley de la tierra no lo haría, y la ley de Dios es "santa, justa y buena" (Romanos 7:12). Por lo tanto, para que Cristo tomará sobre si, todos los pecados del mundo, necesitaba convertirse en cada pecador. Y ese es el resultado de nuestra unión con Él, de manera, personal e individual; íntimamente, perfectamente unido a ti y a mí, en una peculiar relación.

De otra manera, ¿cómo podría entender mi tentación hoy? Y, ¿cómo podría hacer sacrificio/reparación por mis pecados delante de Dios, apelando su propia vida en mi lugar ante una ley que requiere perfecta obediencia del individuo en específico? ¿Cómo pudo hacer todo esto dos mil años atrás cuando caminó en esta tierra? Sólo convirtiéndose uno contigo y conmigo de forma individual, perfectamente identificados con nosotros mismos que cuando la ley lo mire a Él, nos vea a nosotros. Sólo si Él se convierte en nosotros mismos y nos coloca a sus espaldas y enfrenta la ira contra la transgresión, puede realmente ser nuestro Salvador. Porque a menos que Cristo se convirtiera en nosotros mismos, podía salvarnos. Si queremos vivir eternamente, debemos de tener una vida perfecta, específicamente nuestra/mía propia, que pueda ser presentada ante la ley y todos sus requerimientos. Una existencia perfecta desde el día en que nacimos hasta el último suspiro; ya que la paga del pecado es muerte, y si se encontrará cualquier mancha de pecado en nosotros, entonces tendríamos que morir la muerte eterna.

Cuando Cristo murió nosotros morimos con Él

Cristo murió esa muerte eterna por nosotros. Sin embargo, como Él era uno con nosotros, cuando Él murió, nosotros morimos con Él. Y esta experiencia de muerte debe ser una experiencia diaria, momento tras momento. Si hacemos esto, entonces la vida que Cristo vivió será nuestra propia vida y cuando estemos leyendo la vida de Cristo en las Escrituras estaremos realmente leyendo de nosotros mismos. El apóstol Pablo declaró todo esto en estas maravillosas palabras: "Con Cristo estoy juntamente crucificado, y ya no vivo yo, más vive Cristo en mí; y lo que ahora vivo en la carne, lo vivo en la fe del Hijo de Dios, el cual me amó y se entregó a sí mismo por mí" (Gálatas 2:20).

Cristo fue uno conmigo

La misma vida que Cristo vivió será mía. Pues efectivamente, Él se identificó perfectamente conmigo. Lo que el Padre trabajó en Él, lo trabajó en ti y en mí. Dos mil años atrás es una mini exhibición de la vida que Cristo vivió por todos y cada uno de nosotros. Sí, su vida estuvo llena de mucho sufrimiento y nos ha hecho partícipes de ellos, pero también así seremos participantes de su gozo. Además, sus sufrimientos fueron solo para la salvación del hombre y para glorificar a Dios en el cielo. Esas son razones verdaderamente dignas para sufrir, y lo que experimentaremos no será nada comparado con el peso de gloria eterna que nos espera (2ª Corintios 4:17). Aún en medio de todo, Jesús tuvo paz, y Él promete que esa misma paz será nuestra, una paz que sobrepasa a todo entendimiento (Filipenses 4:7).

¿Cómo podemos tener paz en un mundo con tantos pecados? Aaaah, porque ya no somos nosotros viviendo. Los afanes de este mundo ya no nos abruman más, porque es Dios quien "cuida de ti" (1ª Pedro 5:7). No os afanéis, pues, diciendo: ¿Qué comeremos, o qué beberemos, o qué vestiremos?; porque Dios sabe que tenéis necesidad de todas estas cosas y Él mismo os proveerá, "Mas buscad primeramente el reino de Dios y su justicia, y todas estas cosas os serán añadidas" (Mateo 6:31-33).

El Espíritu Santo nos mostrará nuestra vida futura

Cuando los problemas vengan sobre nosotros, y ten por seguro que vendrán. La oración de Cristo fue: "No ruego que los quites del mundo, sino que los guardes del mal" (Juan 17:15), no estamos solos. El Espíritu Santo tomará lo que le pertenece a Jesús y nos lo mostrará [que también es nuestro] (Juan 16:13-15). Él nos mostrará a Cristo muriendo en la cruz como consecuencia de nuestros pecados, y dolorosamente identificará las cosas de nuestro corazón que lo llevaron hasta esa cruz. Pero más aún, Él nos mostrará la vida perfecta que Cristo ha vivido en nuestro lugar y que ahora, la está ofreciendo darnos a cada uno de nosotros. Y Él puede permitir que los juicios y las calamidades nos adviertan antes de llegar al borde de contristar al Espíritu y nos alejemos de este gran y más preciado regalo (Juan 16:7-8).

También nos mostrará cosas por venir (Juan 16:13). Él nos mostrará lo que nos depara el futuro; "es necesario que a través de muchas tribulaciones entremos en el reino de Dios" (Hechos 14:22), "y todos los que viven la vida piadosa de Cristo Jesús sufrirán persecución" (2ª Timoteo 3:12). Pero es importante señalar que cuando Él nos muestre a Jesús, nos estará mostrando lo que ha de venir en un futuro muy pronto. Eso es porque la vida de Cristo es mi propia vida. Y lo que Dios estaba obrando en Él, lo estaba obrando en ti y en mí. Y lo que Dios ha hecho en Él, lo ha hecho en mí. Todo cuanto debo hacer es *permitir* que esto sea mi realidad.

Cristo prometió que los fieles serían llevados ante reyes y cortes, para testificar de su fe (Mateo 10:17-18). ¿Acaso no fue esa también su experiencia? Él estuvo de pie firmemente y sin fisuras ante Anás, Caifás y Pilato, como tú y como yo. Cuando Él lo hizo, nosotros lo hicimos en Él. Y cuando pasemos por esa misma experiencia, sólo estaremos viviendo la vida que Cristo ya ha vivido. También estaremos parados firmemente y sin fisuras delante de reyes, sacerdotes y gobernantes.

Cristo reposó en el amor de su Padre durante la tormenta y así nosotros podemos también

Una de mis historias favoritas es cuando Cristo está durmiendo en la popa de la barca en el mar tempestuoso.

¡Oh, cómo la vida es así a veces, en verdad, más veces de las que esperamos! Sin embargo, Cristo estaba lleno de paz, mientras que todos a su alrededor estaban en apuros (Luc. 8:23-25). Los discípulos hicieron todo lo que pudieron con sus propias fuerzas para salvarse, sin embargo, todos sus esfuerzos no sirvieron de nada. Cristo, por otro lado, descansó en el amor del Padre. Sabía "que los que aman a Dios, todas las cosas les ayudan a bien, esto es, a los que conforme a su propósito son llamados" (Romanos 8:28), y aquella noche todo tenía un propósito, y esperó en silenciosa sumisión, hasta que Dios mismos trajera salvación a sus vidas. La paciencia de Cristo causó un gran sufrimiento a los discípulos, pero si también ellos hubieran descansado al cuidado del Padre, habrían sido como el apóstol Pablo en su camino a Roma, quien, aunque naufragó, no temió por su vida, sino que aceptó todo lo que la Providencia le permitiría sufrir para su propia salvación y la salvación de los demás. No fue Cristo, sino el Padre quien calmó el mar aquella noche de luna llena. Y fue la vida pacífica de Cristo que Pablo recibió, y que habló las palabras de fe y aliento, en esa terrible noche que salvó la vida de todos. (Véase Hechos 27 para la historia de Pablo).

Creer es recibir la vida de Cristo como mía propia

Creer es recibir. Si realmente creemos en la maravillosa verdad de que la vida que Cristo vivió es mi propia vida, y que cuando leo de Él estoy leyendo de mí mismo, entonces recibiré esa vida y será mía en un sentido muy práctico. Y así como Dios obró en Él por la palabra, así se producirá en nosotros esa misma vida. Y así su experiencia será mía y nuestras vidas serán una sola, sin pecado y sin mancha. Limpia, pura y perfecta.

CAPÍTULO 9

El creer de Abraham

El significado original de la palabra *creer* implica sumisión. Creer es recibir, pero recibir ¿qué? Recibir la influencia de la vida de Cristo como aquella a la que debemos someternos. La palabra del antiguo testamento para creer es <*amén*>, que simplemente significa: "así sea". Esa fue la clase de creer que Abraham poseyó. Él creyó a Dios y eso le fue contado por justicia. Esto no se aplica, solo en el sentido de una transacción legal, como en la *justificación*, sino en la realidad práctica. Abraham se rindió a la promesa de Dios –al poder que estaba en su palabra– y, por lo tanto, sus obras fueron testigos del tipo de creer que tuvo.

El verdadero creer es ceder y confiar en la palabra de Dios para hacer exactamente lo que dice. Si Dios declaró a Abraham como justo, esto debió significar que las mismas obras de Abraham fueron un producto del obrar de Dios. Y, por lo tanto, Abraham no pudo haber estado en ninguna manera diferente al que el mundo cristiano se encuentra hoy, ya que su creer fue idéntico a la que la nuestra debe ser hoy.

Abraham fue declarado el "Amigo de Dios" (Santiago 2:23). ¿Cómo fue eso? Amós 3:3 proporciona la respuesta simple: "¿andarán dos juntos, sino estuvieran de acuerdo?" Abraham y Dios estaban en completo acuerdo. Su amistad entre ellos dos fue como debería ser la nuestra hoy con Dios. Lo que Dios dijo a Abraham, él estuvo en completo acuerdo, y dijo "¡Amén!", y permitió que así fuera. Y así sus vidas estuvieron en perfecta armonía ya que era la misma vida.

La promesa del hijo no vendría hasta que Abraham por medio de fe recibiera la palabra de Dios

Tristemente hubo un momento en que él no dijo "Amén" y quiso cumplir la promesa de Dios con sus propias fuerzas. Por un momento, su fe falló y trató de resolver el problema por sí mismo. Quizás, si no fuera por la fe débil de su esposa, él podría haber soportado, pero cediendo a la tentación, tomó las cosas en sus propias manos. Estaba envejeciendo y su anciana esposa no podía tener hijos. Sin embargo, Dios le había prometido que tendría un heredero. Olvidándose del poder de Dios, siguió los consejos de su esposa y conoció con su criada Agar. (Génesis 16).

Agar quedó embarazada y un hijo nació. Sin embargo, Dios volvió a visitar a Abraham diciendo que tendría un hijo con su esposa, Sara. Ella al escuchar esto, se rio porque ahora era mucho más vieja que cuando les fue dada la promesa por primera vez. Y aceptando el reproche de Cristo con un espíritu humilde, ella creyó y el hijo de Abraham nació al año siguiente.

La prueba de fe a Abraham es la misma para nosotros hoy. No era el nacimiento de un heredero lo que le preocupaba, aunque eso también era deseado en su corazón. Lo que más deseaba era el perdón por sus pecados y la paz con Dios a través del sacrificio de Cristo. Y sabía que solo podía ser posible si su propia vida se uniera a ser una con la vida de Cristo. Sin embargo, Cristo todavía no había tomado sobre si la humanidad, y la promesa que la Simiente de la mujer aplastaría la cabeza de la serpiente aún no se había cumplido y Abraham era uno de una larga lista de patriarcas que esperaban que, a través de su propia posteridad, Jesús el Cristo, la simiente de la mujer, naciera.

La promesa a Abraham fue que: "en ti serán bendita todas las naciones de la tierra", vendría a través de su propia posteridad.

Si Abraham no hubiera concebido el hijo de la promesa, entonces Cristo no podría nacer. Por supuesto, la palabra que había salido de la boca de Dios no regresaría a Él vacía, pero tenía que esperar en el creer de Abraham, o de lo contrario trabajaría de otra manera y Abraham sería privado de esa grande bendición. Abraham había recibido esa promesa personalmente y consideró que, si no tenía hijo, entonces no tenía Redentor. Esa fue la fuerza motivadora de sus acciones.

Al principio Abraham creyó con todo su corazón y le fue contado por justicia. Pero su estadía en el idólatra Egipto parece haber debilitado su fe y la fe de su esposa. Su matrimonio con Agar solo trajo desprecio y angustia a su hogar, y Abraham y Sara lamentaron enormemente sus acciones. Vieron que al intentar salvarse a sí mismos, solo habían arruinado las cosas, y al parecer empeoraron las cosas y la promesa fue casi imposible; porque ahora eran mucho más viejos.

Cristo se encontró con Abraham como a sí mismo

Dios no abandonó a Abraham en sus angustias. Él recibió la confesión del esposo y la esposa y los visitó para renovar su promesa.

Su manera de visitarlos fue de suma importancia, y para nosotros también lo es hoy. La fe de Abraham fue puesta sobre un Redentor que podía abogar en su favor ante una ley perfecta. Él sabía que, solo Cristo siendo la simiente de la mujer [la fuente del pecado, porque ella fue la primera en la transgresión], podía ser su Salvador. Abraham también se vio a sí mismo como una fuente de pecado, porque sabía que no había nada bueno en su vida que pudiera hacer y que cada vez que intentaba resolver las cosas, solo las empeoraba.

Cristo conocía los pensamientos de su alma que lo mantenían tan dócil y humilde, pero fuerte en el poder de Dios y en el momento de repetir la promesa, lo consoló con la evidencia de que la promesa se cumpliría.

En un día caluroso, tres extraños se acercaron a la tienda de Abraham, y como era su costumbre, corrió a encontrarlos, los invitó a su hogar a tomar algo refrescante. Cristo mismo estaba entre los tres extraños. Sin embargo, ¿cómo se le apareció a Abraham? En la forma de un viajero humilde, cansado y polvoriento de sus viajes. Abraham mismo en su vida, nunca asentó un pie sobre su herencia, siempre fue un peregrino en la tierra. Cristo se le apareció siendo un peregrino, uno con él en las experiencias de su vida. Esto era evidencia de que la promesa se cumpliría y Cristo nacería de mujer. Especialmente fue evidencia de que Abraham era uno con su Redentor, porque el gran YO SOY es también "el Cordero inmolado desde antes de la fundación del mundo" (Apocalipsis 13:8). La fe de Abraham se fortaleció, Isaac nació y cuando se le pidió que lo ofreciera en sacrificio, no vacilo, sino que creyó que Dios lo resucitaría nuevamente (Hebreos 11:19), sin duda, conoció que el YO SOY nacería del linaje de Isaac y Él sería uno con toda la humanidad.

Cristo se encontró con Josué como a sí mismo

La Biblia proporciona otras evidencias de la perfecta identificación de Cristo con cada uno de nosotros. Como sucesor de Moisés, Josué, cruzo el Jordán. Vio las grandes murallas de Jericó y se preguntó, cómo podrían ellos vencer al enemigo. Como capitán de la gran hueste de los israelitas, una pesada carga de fe cargaba sobre él. Apartándose del campamento para buscar al Señor, un gran Guerrero se le acercó con una espada en la mano. Y preguntándole si estaba con ellos o contra ellos, el extraño Guerrero, quien era Cristo mismo, contesto: "Yo Soy el Príncipe del ejército de Jehová..." (Josué 5:14). Una vez más, vemos, como Cristo se encuentra con el individuo desesperado como uno consigo mismo. Josué había sido un poderoso guerrero y había ganado muchas batallas bajo la guía de Moisés. Y ahora asumió su papel como Príncipe del ejército de Jehová. Cristo se encontró con él como con sí mismo.

Cristo compartió esta misma experiencia con Sadrac, Mesac, y Abed-nego

Sobre la llanura de Dura en la provincia de Babilonia, el rey Nabucodonosor erigió una gran estatua dorada y ordenó que todos los representantes de su vasto reino se inclinaran y la adoraren.

Entre ellos estaban tres amigos que rechazaron la orden del rey y estos fueron reportados. Estos hombres fueron llevados ante el rey y Nabucodonosor enfurecido les ofreció otra oportunidad, pero ellos al admitir que harían lo mismo otra vez, el rey decidió arrojarlos a un horno ardiente en llamas. Las llamas eran muy calientes que los hombres que los echaron fueron muertos por el calor ardiente del horno. Pero los tres amigos no fueron tocados ni un pelo de su cabeza y todo lo que ardió fueron las cuerdas que ataban sus manos. El rey asombrado se puso en pie y, mirando hacia el horno, no vio tres, sino cuatro hombres en el fuego. Cristo fue uno con sus siervos en sus pruebas y aflicciones (Daniel 3).

Jacob se encuentra con su Antagónico

Un ejemplo más poderoso de la unión de Cristo con cada uno de nosotros es la historia de Jacob. Como muchos de nosotros experimentamos, llega el tiempo cuando tenemos que enfrentarnos con las andanzas del pasado, como lo llaman, "el esqueleto en el closet". Al regresar de veinte años de exilio, con esposas e hijos y una gran manada de rebaños, se le informa que su hermano a quien él había ofendido en gran medida se está acercando con un gran número de guerreros bien armados. Temiendo por su vida, hace todo lo que está a su alcance para apaciguar la ira de su hermano, pero aun sintiendo que no es suficiente, se va al arroyo Jaboc, a pasar la noche suplicando a Dios que lo libere de las consecuencias de su propia locura de muchos años antes.

El agua continúa corriendo y las sombras de los árboles lo encubren mientras esta sobre sus rodillas derramando su corazón desesperado delante de Dios. De repente, una mano se posa sobre su hombro y él piensa que está siendo atacado por un enemigo. Teme por su vida y lucha con su antagonista en las oscuras sombras de la noche. Jacob era un hombre fuerte, uno que había demostrado ser poderoso en combate, porque cuando hablaba con el padre de sus esposas, declaró que cuando los ladrones venían a robar el rebaño, y las bestias salvajes atacaban, él los vencía a todos.

Él no cede a la pelea, sin embargo, es sorprendido por la fuerza de Aquel que lucha contra él. Nunca en su vida había conocido a un combatiente así, uno que tenga la misma fuerza y habilidad que él. Luchaban a través de las horas frías de la noche, ninguno de los dos, gana ventaja sobre el otro, sino que eran en perfecta habilidad y fuerza, iguales en todo, que ninguno puede dominar al otro. Mientras tanto, ignorante de quien es su oponente, Jacob derrama su corazón a Dios declarando que todo lo que está viviendo lo tiene bien merecido, pero aun así "¿no aceptara Dios su arrepentimiento de hace veinte años atrás, cuando por primera vez reconoció la falta de su pecado?" Agotado, sigue luchando, no está dispuesto a perder en el combate y espera que la liberación de este enemigo y de su hermano todavía le sea otorgado por un Dios misericordioso y piadoso.

Mientras rayaba el alba y el cielo empezaba a iluminarse con sus rayos dorados, Él extraño con quien él había estado luchando toda la noche, tocó su muslo y se descoyuntó instantáneamente. Jacob cayó al suelo, pero no vencido, al darse cuenta que Aquel con quien él había peleado toda la noche era Él mismo a quien había estado pidiendo que lo salvará de la mano de su hermano, se aferra diciendo: "No te dejaré ir, si no me bendices" (Génesis 32:26). La bendición es concedida y Jacob es dado un nuevo nombre porque él ha luchado con los hombres y con Dios y ha prevalecido.

¿Quién era aquel con quien lucho? Era Cristo mismo. Pero Cristo no pudo vencer a Jacob, tampoco Jacob pudo vencer a Cristo. ¿Por qué no? Porque Él se había hecho uno con Jacob. Su fuerza y habilidad eran idénticas porque Él se había convertido en uno con él.

El Salvador de ellos es nuestro Salvador

Este es el Salvador a quien los patriarcas adoraron y es el mismo a quien debemos adorar hoy; o de lo contrario, Cristo no es nuestro Salvador. De la misma manera en que Él se ha manifestado a los santos desesperados, se manifestará a nosotros hoy. Él nos invita a recibir su palabra personalmente y creer que Él se ha hecho uno con nosotros.

Y en esta unidad con Cristo ninguna de las partes pierde su individualidad, Él sigue siendo Cristo y nosotros no llegamos a ser Él; pero, así como Él es uno con su Padre, así "DIOS" es uno con nosotros, uno con Pablo, uno con Pedro, Juan, etc. Donde está el Espíritu Santo, allí está Cristo, y donde está Cristo, el Padre también está allí (Juan 14:23).

¿Podría ser que se nos haya ocultado un gran secreto durante muchos, muchos años? ¡Oh cuántas personas se hunden en la tumba en un fracaso total y desesperación, sin darse cuenta del gran Regalo que Dios ha preparado para cada uno de nosotros! ¡Una nueva vida! Nuestra propia. Sin embargo, llena de la perfección misma de Dios.

El diablo ha tenido un gran éxito al esconder esta preciosa verdad de nuestros ojos y mentes. Pero ya no permanecerá más en la oscuridad. Dios ha prometido que toda la tierra será alumbrada con su gloria. Él ha prometido que el misterio llegará a su fin, el misterio que había estado oculto a través de los siglos y edades eternas, pero ahora se ha manifestado, que es "Cristo en vosotros, la esperanza de gloria" (Colosenses 1:26-27).

¡Cristo como tú, la verdadera esperanza!

CAPÍTULO 10

¿Qué significa "conocer" a Jesús?

Jeremías declara: "Convertíos, hijos rebeldes, dice Jehová, porque yo soy vuestro esposo..." (Jeremías 3:14). Sin embargo, Génesis describe el matrimonio como la unión de dos personas en "una sola carne" (Génesis 2:24). La consumación del matrimonio es en la noche de boda, cuando dos personas se unen en "una sola". "Y Adán conoció a Eva, su mujer; Y concibió, y dio a luz a Caín" (Génesis 4:1). La palabra "conoció" o "conocer" denota la estrecha intimidad personal entre el marido y su mujer. Aun así, la relación matrimonial no llega a ilustrar perfectamente la unión estrecha entre Cristo y cada persona individualmente.

Las palabras que Cristo dirige a aquellos que se jactaron en sus propias obras, son: "Nunca os conocí" (Mateo 7:21-23), eso indica que estas personas nunca entraron en una relación personal con Él.

Él había estado llamando a la puerta de sus corazones, deseando morar en ellos y compartir las experiencias de sus vidas (Apocalipsis 3:20), pero ellos decidieron vivir sus propias vidas sin Él. Por lo tanto, Él les dice: "... apartaos de mí, obradores de maldad" (Mateo 7:23). Sus obras procedían de ellos mismos, producidas con sus propios esfuerzos, su fe nunca se aferró a esa vida que está en Cristo y que está llena de las obras perfectas de Dios (Romanos 14:23).

Recibiendo el corazón de Cristo

Ezequiel declara que, Dios dará un corazón nuevo, y pondrá espíritu nuevo dentro de vosotros (Ezequiel 36:26).

Cuando Cristo vino, declaró que la ley de Dios estaba escrita en medio de su corazón y que se deleitaba en hacer la voluntad de su Padre. Cuando lleguemos a ser uno con Cristo y dejemos ir al viejo hombre que está en nosotros y recibimos ese nuevo corazón, entonces estaremos realmente recibiendo el propio corazón de Cristo como nuestro. Él quitará de nosotros ese servicio frio y formalista que le damos al Señor en ese dicho que dice: "todo lo que Jehová ha dicho lo haremos" (Éxodo 19:8, 24:7). Y recibiremos el mismo corazón de Cristo, ese corazón viviente, suave y amoroso, sumiso y obediente, moldeado por el Padre, como el alfarero moldea el barro (Isaías 64:8).

El apóstol Pedro

El amado, pero orgulloso Pedro lloró en el mismo lugar donde Cristo había llorado. Se dio cuenta de que Cristo había leído su alma ya que compartían la misma. La historia relatada es esta:

> Entre muchos otros santos, el bendecido apóstol Pedro fue condenado a muerte, y crucificado, como algunos lo relatan, en Roma, y no sin causa, no dudan de ello. Hegesipo dice que Nerón buscó la guerra contra Pedro para ponerlo a muerte; que, cuando la gente percibió esta maldad, con convencimiento suplicaron a Pedro a huir de la ciudad. Pedro, a través de su importunidad al fin persuadido, se preparó para escapar de la muerte. Pero, llegando a las puertas de la ciudad, vio al Señor Cristo Jesús venir hacia él, a quien, arrodillándose y adorando, dijo: "Señor, ¿A dónde vas?" –a quien Jesús respondió y dijo: "vengo a ser crucificado otra vez", Pedro, al percibir este sufrimiento y viendo que no estaba solo, decidió regresar a dentro de la ciudad. Jerome relata que fue crucificado de cabeza, los pies hacia arriba y la cabeza hacia abajo. Ya que Pedro mismo lo requirió así, diciendo: "soy indigno de ser crucificado de la misma forma que mi Señor".
>
> John Foxe, *Foxe's Book of Martyrs*, Volume 1.

Juan el amado

Juan, el amado, aceptó la vida de Cristo y reconoció ese don como para cada individuo. Él amó a los demás como Cristo lo amó a él primero. Me gustaría aquí insertar una maravillosa historia del amor de Dios hacia el pecador.

Después de la muerte del tirano, cuando Juan fue devuelto a Éfeso, desde la Isla de Patmos, se le pidió que recurriera a los lugares cercanos a él, en parte para constituir obispos, en parte para resolver las causas y los asuntos de la iglesia, en parte para ordenar y establecer a tales miembros del clero en el cargo a quienes el Espíritu Santo debía elegir. Después de lo cual, cuando llegó a cierta ciudad no muy lejana, cuyo nombre muchos aún recordaban, él se gozó y conforto a los hermanos. Y estando ahí, vio a un joven de cuerpo fuerte, de bello semblante y de mente ferviente. Dirigiéndose al principal de los obispos, le dijo: –"Delante de Cristo y su iglesia como testigo, a tu cargo encomiendo este joven, para que lo cuides con gran diligencia".

Cuando el obispo recibió de él este cargo y le prometió su diligencia fiel, por segunda ocasión Juan le incito a confirmar su promesa, y la respuesta fue la misma. Hecho esto, Juan regresó a Éfeso. El obispo, recibiendo al joven y comprometido a su educación, lo llevó a casa, lo guardó y lo alimentó, y al final también lo iluminó (es decir, lo bautizó), y en poco tiempo a través de su diligencia fiel lo llevó a tal orden y orientación, que incluso le encomendó la supervisión de cierta curación a enfermos en favor del Señor.

El joven teniendo así más libertad, se dio cuenta de que algunos de sus compañeros y viejos familiares –ociosos, disolutos y acostumbrados a los viejos tiempos– se unieron a él, quien primero lo llevaron a banquetes suntuosos y desenfrenados; luego lo incitaron a salir con ellos en la noche para robar y hurtar; después de eso fue seducido por ellos para mayor maldad e iniquidad. Con el tiempo llego a tener más práctica, llegando así a tener más astucia. Y su buen ingenio y coraje, lo llevaron a ser como un caballo salvaje, sin domador ni riendas. Dejando así el camino correcto. Corriendo así en sus aventuras malvadas, fue llevado hasta lo más profundo de la degradación de la maldad. Olvidando y rechazando por completo la sana doctrina de la salvación, que había aprendido antes. Comenzó a concentrase en asuntos ya mayores. Y por cuanto ya estaba en ese camino de perdición, no le importaba cuánto más avanzaba. Y así, al asociarse con la compañía de ladrones, a él se le dio el cargo de líder y capitán para la comisión de asesinato y delitos grave.

Mientras tanto, se dio la casualidad que, por necesidad, enviaron a Juan nuevamente a esos barrios y asistió. Y una vez terminada su misión, se reunió con el obispo antes especificado, le preguntó acerca de su compromiso que se le había hecho delante de Cristo y su iglesia. El obispo, algo sorprendido por las palabras de Juan, suponiendo que se refería a algún dinero destinado a su custodia que no había recibido (y sin embargo no se atrevía a desconfiar de Juan ni a contradecir sus palabras) no supo qué responder.

Mientras tanto, Juan, percibiendo su duda, fue más claro: –"el joven", dijo, "el alma de nuestro hermano comprometida a su custodia, la pido".

Entonces el obispo con una voz fuerte, triste y llorando, dijo: –"está muerto".

A quién Juan respondió: –"¡¿Cómo y por qué murió?!"

El obispo dijo: –"Está muerto para Dios, porque se ha convertido en un hombre malvado y pernicioso; para ser breve, y ladrón y asesino, y ahora frecuenta esta montaña con una compañía de villanos iguales a él, los cuales están en contra de la iglesia".

Y el apóstol al escuchar esto, rasgó sus vestidos y con gran lamentación dijo: –"¡Confié en un buen guardián el alma de mi hermano! Tráigame un caballo y déjeme tener un guía conmigo". Que cuando obtuvo el caballo y guía, salió de la iglesia lo más rápido que pudo y, al llegar a aquel lugar, fue capturado por ladrones que lo observaban. Pero él sin rehusarse a ellos, dijo: –"Vine por esta misma causa; guíame", dijo él, "a tu capitán".

Entonces, llegando vio al capitán todo armado. Y este comenzó a mirarlo ferozmente; y pronto lo reconoció, y se vio afectado por la confusión y la vergüenza, y comenzó a huir.

Pero el anciano lo siguió tanto como pudo, olvidando su edad y gritando: –"Hijo mío, ¿por qué huyes de tu padre? ¡Un joven armado contra un anciano débil y viejo! –Ten piedad de mí, hijo mío, y no temas, porque aún hay esperanza de salvación; responderé por ti a Cristo; Moriré por ti si es necesario; Como Cristo murió por nosotros, daré mi vida por ti. Créeme, Cristo me ha enviado".

Escuchando él estas cosas, se detuvo, y con ello su coraje fue disminuido. Tiro sus armas al suelo, todo tembloroso y llorando amargamente, se acercó al anciano le abrazo y le habló llorando (como pudo), y con sus lágrimas que corrían sobre su rostro fue bautizado. Solo que su mano derecha la mantenía oculta y cubierta. Después de eso, el apóstol, le prometió y lo determinó firmemente que debía obtener la remisión de nuestro Salvador, y también oró, se arrodilló y besó su mano derecha asesina, que por vergüenza no pudo mostrar antes, como ahora. Purificado por el arrepentimiento, lo trajo a la congregación. Y cuando había orado por él con oraciones continuas y ayunos diarios, y lo había consolado y confirmado su mente con muchas oraciones, no se apartó de él antes de haberlo devuelto a la congregación, y lo convirtió en un gran ejemplo y prueba de regeneración. Fue un testimonio de regeneración visible.

John Foxe, *Foxe's Book of Martyrs*, Volume 1.

El apóstol Pablo

El apóstol Pablo dice lo que cada uno de nosotros tiene por derecho de decir:

"Con Cristo estoy juntamente crucificado, y ya no vivo yo, más Cristo vive en mí; y lo que ahora vivo en la carne, lo vivo en la fe del Hijo de Dios, el cual me amó y se entregó a si mismo por mí" (Gálatas 2:20).

Resumiendo, esta vida en Cristo, él dice "Porque para mí el vivir es Cristo" (Filipenses 1:21).

Martín Lutero

Martín Lutero enseño a un Salvador personal. Él declaró:

> La fe debe enseñarse puramente, es decir, que estás tan enteramente unido a Cristo, que Él y tú han sido hecho como si fuera una sola persona: para que confiadamente puedas decir, "ahora soy uno con Cristo, es decir, la justicia de Cristo, su victoria y su vida son mías". Y otra vez, Cristo puede decir: "Yo soy ese pecador, es decir, sus pecados y su muerte Míos son, porque él está unido y pegado a Mí, y Yo a él". Porque por la fe estamos tan unidos que nos convertimos en miembros de su cuerpo, de su carne y de sus huesos (Efesios 5:30).

Martin Lutero, *Comentario a los Gálatas*, Gálatas 2:20.

Y hablando más en sus comentarios, Lutero dice que Cristo:

> Cristo tomó sobre Él a nuestra persona pecadora, y nos dio a su persona inocente y victoriosa con la que ahora nos vestimos, y somos liberados de la maldición de la ley. Porque Cristo, de buena voluntad, fue hecho maldición por nosotros; diciendo como refiriendo a su propia persona: "Soy bendecido y no necesito nada; pero por amor a ti, Me humillare a Mí mismo y pondré sobre Mí tu persona... y sufriré la muerte que a ti (pecador) te toca, para librarte de ella..."
>
> Esta imagen y pensamiento debe permanecer continuamente delante de nosotros, y contemplar lo mismo con el ojo firme de la fe. Él que así lo hace, tiene la victoria e inocencia de Cristo segura, aunque nunca sea tan gran pecador. Solo por la fe, y nada más que eso, somos hechos justos, ya que la fe se apodera de esa realidad. Mira, pues, que cuanto más lo creas, tanto más lo disfrutaras...
>
> Si tú crees, el pecado, la muerte y la maldición que han de ser abolidas, ya fueron abolidos. Porque Cristo ya venció, y ha quitado todo esto en sí mismo. Y ahora a nosotros nos toca creer; así como en su propia persona no hay pecado, ni muerte, así también es en nosotros, viendo que Él ha hecho y alcanzado todas estas cosas para nosotros. Por lo tanto, si el pecado te aflige y te aterroriza, piensa que esto es (como en efecto lo

es) una imaginación, y una falsa ilusión del diablo. Porque en el acto mismo no hay pecado, ni maldición, ni muerte, ni demonio, para hacernos daño más, porque Cristo ha vencido y abolido todas estas cosas. La victoria de Cristo es más segura y no hay defecto en ella misma, sino en nuestra incredulidad (el no creer).

Ibíd. Gálatas 3:13.

Esta es una revelación exacta de como Dios realmente ve las cosas, porque los muertos para Él viven y Él cuenta "aquellas cosas que no son, como si fuesen" (Lucas 20:28; Romanos 4:17). Satanás ya está vencido, el problema del pecado ya ha sido resuelto y nosotros ya estamos sentados con Cristo en los lugares celestiales. Cuando nuestra fe se perfeccione, esta será nuestra realidad.

Juan Bunyan

John Bunyan era un hombre desesperado, y Cristo no dejó de identificarse con él. Escribiendo en el relato autobiográfico de su conversión, Bunyan escribe:

> El Señor también me guío en el misterio de la unión con el Hijo de Dios; que yo estaba unido a Él, que yo era carne de su carne y hueso de sus huesos, ... porque si Él y yo somos uno, entonces su justicia es mía, sus méritos míos son, su victoria también es mía. Ahora puedo verme a mí mismo en el cielo y en la tierra a la vez: en el cielo por mi Cristo, por mi cabeza, por mí justicia y vida, aunque en la tierra es por mi cuerpo o persona.

Juan Bunyan, *Gracia Abundante para el Principal de los Pecadores*.

Charles Spurgeon

Charles Spurgeon escribe esto:

> Por decreto divino, existió tal unión entre Cristo y su pueblo, que todo lo que Cristo hizo fue lo que hizo su pueblo:

y todo lo que Cristo realizó, su pueblo lo realizo en Él, porque estaban en su seno cuando descendió a la tumba, y en su seno han subido a lo alto; con Él entraron en la dicha de gozo; y con Él se sientan en lugares celestiales.

Charles Spurgeon, sermón: *Cristo en el Pacto*.

El Desesperado

A lo largo de los siglos, muchos se han apoderado de esta maravillosa verdad y han sido burlados, ridiculizados y sufridos en su nombre. Pero sin importa cuáles puedan ser las consecuencias, se debe contar la verdad de lo que Dios y Cristo realmente han hecho por nosotros. Ni una sola fracción de la eterna gracia de Dios puede ser resguardada de la mente y los corazones de aquellos que están buscando desesperadamente una solución a los problemas de la vida. Esta verdad rodeará toda la tierra con su gloria, y luego vendrá el fin, porque Dios verá su vida perfectamente reproducida en los que quieren ser salvos, y Él vendrá y los llevará a casa.

La acusación de blasfemia contra Cristo será lanzada a sus seguidores hoy

Que Dios pueda ser uno con nosotros no es un mito. ¡En los días de Cristo se consideraba una blasfemia que un hombre afirmara ser Dios! Y hoy, se considera blasfemia afirmar que Dios se hizo hombre. Pero peor aún, ¿un hombre en particular? ¿Quizás a uno que conozcamos personalmente? Incluso nosotros mismos. A pesar de todas las reacciones, mi clamor es: "¡Dame un Jesús así, porque nada menos que eso me puede salvar!"

Si muchas religiones en este mundo pueden declarar con libertad que Cristo se hizo uno con el individuo, entonces reclamamos el derecho de declarar la verdad, que Cristo se identificó tan perfectamente con el individuo que se convirtió en "ti", en "mi". Dios es Dios. Él puede hacer lo que quiera, lo que se necesite hacer para salvarnos. Él puede convertirse en "nosotros" si Él lo desea y nuestra salvación así lo requiera. Pero nunca podremos convertirnos en Él. Sólo funciona de una manera.

Hay un solo poder que Satanás no nos ha quitado y es el poder de elección. Podemos optar por dejar ir el pasado y permitir que Dios obre en nosotros ahora. Y lo sorprendente es que Dios contará todas sus acciones correctas dentro de nosotros, como nuestras propias, pero atribuiremos toda gloria, alabanza y honra a Él.

¡Qué mayor declaración de amor de Dios hay aquí! ¿Alguna vez alguien te ha dicho que se alegran de no ser tú? ¿Oh que se alegran de no estar en tus zapatos? Pues bien, Cristo dice: «Yo soy tú. Y no me avergüenzo de ser tú, ahora, vamos a resolver los problemas de la vida juntos». Él sabe exactamente dónde aprieta el zapato porque está caminando contigo en los mismos zapatos y está sintiendo el pellizco tal como tú lo está sintiendo.

No nos convertimos en Dios

Algo tiene que quedar muy claro. Nada de lo que Dios nos ofrece es nuestro por derecho, o título, sino solo por misericordia y adopción. Nada es nuestro inherentemente, sino por herencia. Esto es posible sólo por el hecho de que Dios se convirtió completamente en uno con nosotros. No tiene nada que ver con que nos convirtamos en Dios, sino que Dios nos ha adoptado en su familia.

No es la humanidad que está queriendo alcanzar la divinidad, sino la divinidad queriendo alcanzar la humanidad. Fue la divinidad quien tomó la humanidad sobre sí misma. La humanidad no tomó la divinidad en sí misma. No nos hacemos divinos; en el término de que: evolucionemos a un estado superior de existencia, como Dios.

Solo Dios es auto-existente, y nosotros no. Nunca podemos existir como Dios. Nuestra existencia depende y dependerá por siempre de Dios.

Pero puede funcionar de otra manera porque Dios no está limitado. Porque Dios se hizo humano. Cristo no trajo los atributos de la divinidad a nuestra naturaleza humana, son nuestros como un regalo, solo cuando el hombre decide unirse con la divinidad de Dios. Aunque lleguemos a ser uno con Él, sus atributos nunca serán inherentes a la humanidad en sí misma. Lo que Cristo hizo, fue devolver la naturaleza humana lo que una vez fue según el plan original de Dios. En el cielo, compartiremos su trono, pero no compartiremos su derecho a ser adorado, le adoraremos a Él. Reinaremos con Él, pero solo junto a Él en su trono. Seremos sacerdotes, pero Él es el Sumo Sacerdote. Oficiaremos, pero Él será el Pontífice.

Una vida que se mide con la vida de Dios

Y aquí está el regalo de Jesús. Una vida que puede ser nuestra hoy si tan sólo la aceptamos. ¿Estas lo suficientemente desesperado por recibirla? O, ¿estás esperando a que tu vida se caiga a tu alrededor antes de reconocer tu necesidad absoluta? ¡No tardes! No queda mucho tiempo para apoderarse de ese regalo. Pero ¿por qué demorar? Si la vida que Cristo vivió fue mi propia vida, y fue el Padre, quien vivió su propia vida en Él, ¿no significa esto que lo que Dios nos está ofreciendo es una vida que se mide con la vida de Dios? ¡Por supuesto! Porque es su vida. Y ahora es nuestra, y para siempre. ¡Suena bastante bien para mí!

Una oración

"Te agradezco, Dios, que no me hayas dejado que yo trate de resolver los problemas por mí mismo. Lamento que tantas veces te haya rechazado y haya tomado las cosas en mis manos. Y Tú gentilmente retrocediste y esperando pacientemente a que me diera cuenta de que no puedo hacer nada bien sin ti. Me diste mi vida, pero no la he cuidado muy bien. Y ahora tengo miedo de vivir mi propia vida porque sé que solo arruinaré las cosas. Por favor, ¿lo vivirás por mí ahora? Te pido humildemente que me des la misma vida perfecta que has vivido en Jesús porque creo que es mi propia vida, preparada especialmente para mí, tiene mi nombre en ella. Si trato de arrebatar mi vida y destruirla de nuevo, por favor, no me permitas endurecer mi corazón e intentar arreglarlo yo mismo. Envía tu Espíritu Santo para despertarme una vez más a mi desesperada necesidad. Y ayúdame a caer, finalmente y de una vez por todas, completamente destrozado a los pies de tu amado Hijo y nunca más tomar mi vida en mis propias manos. Sólo en ti puedo confiar. Sólo en ti confió. Y te agradezco por lo que prometiste hacer porque creo que harás todas las cosas bien, siempre y cuando te lo permita. Te pido todas estas cosas en el nombre de tu amado Hijo Jesucristo. Amén".

www.ingramcontent.com/pod-product-compliance
Lightning Source LLC
Chambersburg PA
CBHW070439010526
44118CB00014B/2119